JIAZU CAIFU GUANLI XILIE LUNCONG

家族财富管理系列论丛

U0505620

家族基金运作

JIAZU JIJIN YUNZUO

许宁 任培政 李书彦 ◎ 著

中国财经出版传媒集团

经济科学出版社

Economic Science Press

图书在版编目（CIP）数据

家族基金运作／许宁，任培政，李书彦著．—北京：
经济科学出版社，2022.3
（家族财富管理系列论丛）
ISBN 978－7－5218－2017－1

Ⅰ.①家…　Ⅱ.①许…②任…③李…　Ⅲ.①基金市
场－研究　Ⅳ.①F830.91

中国版本图书馆 CIP 数据核字（2020）第 210440 号

责任编辑：杜　鹏　常家凤
责任校对：李　建
责任印制：邱　天

家族基金运作

许宁　任培政　李书彦　著

经济科学出版社出版、发行　新华书店经销

社址：北京市海淀区阜成路甲 28 号　邮编：100142

编辑部电话：010 - 88191441　发行部电话：010 - 88191522

网址：www. esp. com. cn

电子邮箱：esp_bj@ 163. com

天猫网店：经济科学出版社旗舰店

网址：http://jjkxcbs. tmall. com

固安华明印业有限公司印装

710 × 1000　16 开　12.75 印张　220000 字

2022 年 3 月第 1 版　2022 年 3 月第 1 次印刷

ISBN 978 - 7 - 5218 - 2017 - 1　定价：59.00 元

（图书出现印装问题，本社负责调换。电话：010 - 88191510）

（版权所有　侵权必究　打击盗版　举报热线：010 - 88191661

QQ：2242791300　营销中心电话：010 - 88191537

电子邮箱：dbts@ esp. com. cn）

前　言

　　家族企业是当今世界最主要的企业组织形式之一，对推动世界经济的发展、促进就业、保证社会稳定起到了基础性作用。中国家族企业的发展曾有过辉煌的历史，但也曾销声匿迹。改革开放以来，中国家族企业再次成长起来并日益成为我国经济舞台上不容忽视的重要角色。当时间跨入新的世纪，伴随着家族财富不断积累和持续增长，家族企业的各种问题也随之而来：竞争红海、互联网冲击、代际传承、投资机会缺乏、国际化……西方发达国家用一两百年时间才解决的家族企业难题却在我国改革开放四十多年的时候集中爆发，让家族企业有些应接不暇。这些难题的破解不仅需要国家宏观政策的支持、法律的完善、市场竞争秩序的优化，而且更需要一大批理论功底扎实、专业技能过硬、职业精神高尚的家族企业管理人才充实到家族企业中去，帮助我国家族企业再次焕发创业创新精神，在经济新常态和国际化道路上获取新的竞争力。

　　家族基金在家族企业生存发展过程中起着举足轻重的作用，家族企业从单一经营到多元化经营，利用家族基金这一工具实现家族企业的传承和发展，这几乎是世界上所有家族企业发展的必由之路，但市场上鲜有家族基金相关的著作，这显然不能适应当前我国家族企业转型发展的需要。基于这一认识，我们组织力量编写了这本《家族基金运作》。

　　本书综合了国内外有关家族企业研究的各种学术理论和文献著作，以家族基金的募集和运作为基本主线，以有限合伙、公司制信托、基金会等概念为基本框架，力求从家族基金的设立和运作方面对家族基金进行全面阐述。本书可以作为大学本科、专科经济管理和社会学专业课程的教材，也可供从事家族企业管理工作的人员学习和参考。

全书共 7 章，主要从家族产业基金、家族保障基金和家族公益基金三个方面对有关家族企业各个方面内容进行概括式的归纳和总结。

家族基金的复杂性和多元性使得目前理论界未对其有精确定义，本书作者只是选取其中一个视角对其进行大体论述，由于水平有限，错误疏漏在所难免，敬请读者谅解和指正。

作　者

2022 年 1 月

目　　录

第一章　家族基金概述

第一节　基金概述

一、基金的定义与分类

基金有广义和狭义之分，从广义上说，基金是机构投资者的统称，包括信托投资基金、单位信托基金、公积金、保险基金、退休基金，各种基金会的基金等。从会计角度分析，基金是一个狭义的概念，意指具有特定目的和用途的资金。比如虽然政府和事业单位的出资者不要求投资回报和投资收回，但要求按法律规定或出资者的意愿把资金用在指定的用途上，因而也形成了基金。

基金一词在我国有多种含义，当前最常用的含义是指由基金管理公司或其他发起人发起，通过向投资者发行受益凭证，将大众手中的零散资金集中起来，委托具有专业知识和投资经验的专家进行管理和运作，由信誉良好的金融机构充当所募集资金的信托人或托管人。这种基金是与股票相对应的一种大众化的信托投资工具，在市场上通常说的"基民"，指的就是投资这种基金的购买者。

简单地说，基金是一种集合理财的投资工具，严格意义上并不是法人实体，也不是任何机构和组织，但是，在日常使用中人们还是习惯把基金当作一种机构来看待。一般而言，基金正是通过公募或私募以及政府注资等多种形式，将投资者所投资的资产集合成为一个资产池，通常初始的资产池主要是由现金资产构成的，然后被委托的基金管理人可以将这些资产投资于其他货币、股票、债券、期货期权、大宗商品以及诸如房地产、金属等基金章程所规定的具体领域，通过对这些资产的操作实现投资者的目的。

按照投资领域的不同来分，共同基金、对冲基金和家族产业基金是基金中最主要的三种形式。根据组织形式的不同，可划分为契约型基金、公司型基金；根据设立方式的不同，可划分为封闭式基金、开放式基金或半开放式基金；根据投资对象的不同，可划分为股票基金、货币市场基金、期权基金、房地产基金等；根据筹资方式的不同，可划分为公募基金和私募基金。

在下文中，我们所要介绍的家族基金中的一大类——家族产业基金，主要是集合在一起为家族产业服务的基金，其筹资来源主要是家族成员或者是家族企业，其投资方向可以是一级市场，也可以是二级市场，投资品种趋向于多元化，比如房地产、艺术品、企业股权、债权以及其他的动产和不动产。但在本书中，我们所重点关注的是家族产业基金在投资一级市场中所起的作用。

二、家族基金的概念

家族基金指资金主要来源于同一家族多个成员的基金，家族基金主要用于实现家族产业的多元化，分散家族企业的经营风险，实现家族企业的转型升级，加强家族向心力，加强家族联系交流，实现家族基业长青和有效传承。广义的家族基金按照目的分类可分为家族保障基金、家族产业基金和公益基金。狭义的家族基金指的是家族产业基金。如上文所述，家族投资基金主要投资于一级市场，包含家族母基金、天使投资、股权投资、专项产业投资、并购投资、特色产业基金等工具，还囊括二级市场基金，帮助家族企业实现产业链纵向和横向的扩张，实现家族企业发展的多元化和转型升级，加强家族财富抵御风险的能力。家族保障基金一般以家族信托作为主要工具，用以保障家族和子孙后代的基本生活以及教育医疗等事宜。家族公益基金既能帮助家族规避高额的遗产税，又能提升家族企业的品牌，使家族企业实现回馈社会的目的。

从形式上看，不管是以信托形式、离岸公司形式还是以单一户头或银行账户形式存在，都可以统称为"家族基金"。

第二节　家族基金概述

一、家族基金产生的理论分析

家族基金的产生经历了一个漫长的历史过程，家族内部财富管理机制的出现最早可以追溯到罗马时代。一个家族可以雇用一个管理员，在中世纪就变成了管家，掌握一个家族的财富和商业活动。当家族成员不断增加时，家族的首领和管理者们就意识到保持家族财富的完整性和集中化管理的重要性。截至19世纪，大多数财富都是以土地形式存在的。土地作为一种财富保值的固定资产，不易流失，更容易从一代人传承到下一代人。随着经济的发展，土地也是一种良好的增值资产，其价值增长速度远远大于其他一般资产。13世纪初，信托金融工具首现欧洲，用以在家族的扩张和分散过程中传承财富，信托逐渐成为保有财富和传承家业的主要方式。通过私人银行家管理和运作家族信托，成为当时欧洲家族财富管理的重要形式。如今，新的金融工具（基金、股票、债券、衍生品等）的出现，也给家族带来了一种全新的管理和创造财富的方式，家族金融财富得以快速扩张。为服务家族进行多元化资产管理和资本运作，信托基金、私人银行、家族理财室、财富管理人以及其他服务提供商也应运而生。

中国的市场经济之路使中国从一个一穷二白的计划经济国家成为一个高速成长的市场经济国家，在经济得到快速发展的同时，涌现出大量的民营企业，进而创造出巨量的家族财富。巨量财富积累之后，一个重要的课题就摆在企业家的面前，如何管理好这些财富，使之保值增值并顺利传承给下一代？家族基金作为家族财富管理最主流的工具之一，在家族财富保值增值、传承与规避风险的过程中，发挥了不可或缺的作用。

二、家族基金的顶层设计

对于家族而言，家族企业不仅是财富的生产者与载体，也是家族企业主毕生的努力结晶和情感的寄托。中国市场经济虽然时间较短，但随着第一代企业家渐渐老去，家族传承的需求日益强烈，利用家族基金进行企业传承的"顶层设计"，实现家族企业有效传承，成为一种有效的方式（许宁和任培政，2016）。

本节试图从家族基金顶层设计的角度展开探讨，以期寻求适合中国家族企业传承的模式和方法。

(一) 家族基金的架构

一个完整的家族基金或家族办公室的理想架构如下。

1. 核心成员

CEO：负责全面管理，由家族的核心成员担任。

CFO：负责金融、会计、审计等方面，由专业金融人员担任。

CIO：负责投资和资产管理，由专业管理人员担任。

COO：负责家族的管家服务。

家族基金的监管由几个委员会完成。

董事会/管理委员会：负责架构设计、战略决策、雇佣薪酬等。

投资委员会：负责投资决策、业绩汇报。

审计委员会/风险管控委员会：负责风险管理、审计核查。

家族基金理想架构如图1-1所示。

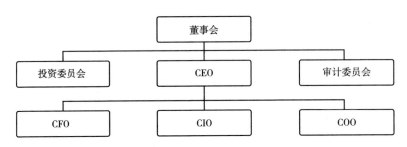

图1-1 家族基金理想架构

这是一个非常理想的架构，但在实际操作中大多数架构都是简化版的，从家庭成员的意愿出发，并且对很多岗位进行外包。在中国的家族基金中常见的架构是：一个董事较多的董事会，下面由CEO来进行管理，并且常常只有一个CFO，负责报表、定期审计和整理家族的资产，并没有投资和运营的团队。在欧美的家族基金中，CFO主要工作是在后台的审计、会计方面，而并不是投资的专业人士。

造成这种情况主要由于家族普遍不愿放权，只用通过多年共事建立起信任的人，而不是雇用职业经理人。另外是出于成本的考虑。

2. 家族基金提供的服务

家族基金主要提供以下五个方面的服务。

资产管理：主要包括主业的资产、非主业的资产和固定资产的管理、投资和风险管理。

财富传承：包括主业的接班人培养、设定下一代资产的分配和管理架构、建立海外信托机构、建立和管理慈善基金。

家族延续：包括组织家族会议、明确家族文化的传承、对后代的培养、海外精英教育。

金融法律：包括纳税和合法避税的服务、私人金融服务、法律顾问、移民签证、资产转移、账单管理、现金管理。

管家服务：包括管理家庭服务人员、旅行度假、购物服务、健康检查、家居服务、产业管理。

其中，管家服务等可以由家族基金完成，但有些职业服务比如资产管理要由职业投资团队完成，而财富传承和金融法律等事务需要家族基金和职业人士共同完成。

3. 家族基金的管理模式

管家模式：由家族成员自行管理，主要提供家族延续、管家服务等。这种模式一般出现在家族资产积累的初期，具有成本低、管理方便等优点，但不能提供关键的资产管理等服务。

公司模式：由独立的家族管理公司进行管理，包括创始人、CEO、CFO、CIO 等完整的团队，为家族提供全面的服务。公司模式成本最高，而且需要有对投资团队的奖励机制才能吸引和留住投资人才。要求家族的资产规模较大，一般超过 10 亿美元才能满足成本要求。

合作模式：与第三方机构合作，包括资产管理公司、律师事务所、会计师事务所等合作，主要提供金融法律、资产管理和财富传承等服务。合作模式是目前最符合中国家族初级阶段的模式。

在美国，除了比尔·盖茨等超级富豪采用了公司模式通过独立的家族基金来管理家族资产以外，大多数家族采用了合作模式通过第三方家族基金来管理资产。

（二）家族基金的类型

家族基金是家族实现财富保值增值以及传承的重要工具，在利用这种工具为家族服务的过程中，可以按照目的将家族基金分为三种类型。

1. 家族保障基金

家族保障基金是指将资产委托给专业信托机构，指定特定受益人的模式。其优势在于财产隔离，避税，增值保值，信息严格保密。通过设立家族信托，将资金委托给专业的信托机构，指定家族特定的受益人，当家族企业出现经营风险时，债务追索就不会影响到家人后代，实现风险隔离，同时，信托还能起到避税的作用，并且具有较强的保密性。家族保障基金的一般做法是与家族信托相结合，但是国内的家族信托还缺乏完善的法律基础和信任基础。因此，在现有条件下，海外的家族信托更能实现保障家族基本生活的职能，一般家族信托可以和大额保单相结合，通过资本杠杆实现家族利益的最大化和成本最小化。

2. 家族投资控股机构

它也被称为家族产业基金。在家族与企业之间嵌入一层结构，在家族成员个人与企业所有权相隔离的同时，实现对企业控制权的集中行使。同时，家族产业基金还可以通过母基金、天使投资、股权投资、私募股权等形态，实现家族产业链横向和纵向的扩张，帮助家族企业实现多元化的资产配置以抵御风险，实现家族企业的转型升级。家族产业基金一般有三种组织形式，分别为信托制、合伙制和公司制，具体内容在后文详细介绍。

3. 家族公益基金

根据中国的基金会管理准则，基金会指的是用自己的资金从事社会公益和非营利性活动，并关注教育、社会、慈善和宗教等领域的机构。基金会的作用更偏向于树立家族品牌并且是家族企业回馈社会的一种方式，通过建立家族基金会还可以实现家族企业避税的功能。

（三）中国法律环境下家族基金的顶层设计

中国家族企业的传承仍然以传统的"遗嘱"模式来实现家族企业控制权的转移，但家族资产并不等同于个人资产，需要科学的规划和完善的组织架构安排，才能实现顺利传承，根据国内外的相关案例来看，家族企业的传承需要利用家族基金做科学的架构安排。

家族理事会由家族直系血亲或家族内其他最能代表家族利益的成员构成，它是家族内最为重要的沟通和协调机构。家族理事会通过分离家族决策与董事会决策，实现家族利益与企业利益的平衡。家族办公室由长期服务于家族事务的专业人员或专业咨询管理公司担当，根据家族委员会要求制定规则，负责家族企业成员的培养、监管各基金运行情况等事务性工作。

家族保障基金一般采用信托制的组织形式，通常提供信托财产的一方为委托人，专业信托公司担当受托人，受益人由委托人制定，多为家族成员。家族保障基金中的信托资产及其收益为家族后代成员提供物质保障。在家族基金中，家族其他成员作为一般合伙人。合伙协议约定执行合伙人负责管理家族企业主营业务，对相关事项和主营业务以外的项目投资，如实业、证券投资等进行重大决策。

家族基金会由家族成员或外聘专业人员作为理事会成员，负责公益性工作，如捐赠资金、建立学校等。这种以家族基金为核心的结构安排能够为家族资产的增值和家族财富的传承打下扎实的基础，原因如下。

（1）如此安排能够为家族企业实现数代传承打下坚实的思想基础，家族委员会的建立能够帮助家族建立坚实的家族治理结构，也有利于家族价值观的形成，从而引导家族成员确立家族的价值观。

（2）通过建立家族委员会和家族产业基金，能够从机制上缓和家族成员之间的内部矛盾，实现家族的长期发展。家族委员会和产业基金可以对家族成员之间的冲突，形成两次调解机制，首先可以用内部利益作为调和，其次可以用法律决议机制来进行调和。

（3）运用家族基金统一管理企业股权，保障家族控股企业的股权集中度。运用家族基金解决接班人的问题，实现财产所有权与管理权的有效分离。家族产业基金以合伙形式存在，可以用法律手段保障核心企业的整体股权不被分割转让，保障了家族作为整体对家族企业的控制权，如爱马仕集团的家族成员就曾联合起来反对路易威登集团的收购。

（4）有利于家族成员的基本生活保障和家族持续发展。三种基金的分别设立，使家族成员的生活和家族企业经营风险隔离开来，家族成员既可以在生活与教育上有基本保障（家族保障基金），同时企业又能够通过主业上的发展保证家族的持续繁荣（家族产业基金）。在未来，无论家族企业经营好坏，家族的基本生活都能够得到保证。

（5）有利于家族意愿与企业意愿的统一。通过家族委员会的内部沟通以及家族基金合伙人的决策，在企业层面，家族的意志通过股东会作出的决策而体现，从而转化为企业意志。

（6）为家族企业未来进行社会化变革预留空间。因家族产业基金集中了家族成员股权，成为企业的大股东具有控制权，未来可根据情况引进合作方、投资方参股家族企业，扩大家族企业影响的领域与范围，同时，还可在世界范围内寻找合适的职业经理人参与企业管理而不必担心管理失控。

后文中将详细介绍合伙制家族产业基金。在家族产业基金的构建形式上，合伙企业是比较理想的选择，其人合性强，更为封闭，强制性规定也较少。其主要优势如下。

（1）家族产业基金将家族成员的企业股权集中持有，可达到控制企业的目的。

（2）在家族产业基金中，家族内主要管理成员作为执行合伙人，其他成员只参与收益分配，不参与事务管理。

（3）家族成员不直接持有企业股权，而持有家族产业基金（合伙企业）的份额。

（4）家族产业基金控制企业股东会、董事会，企业管理层由家族成员构成或外聘职业管理团队担任。

（5）家族产业基金通过持有家族企业股权来控制企业，其余股权可以适当社会化，以充分利用家族之外的社会资源。

从法律层面而言，合伙企业合伙人的权利义务、执行决策、入伙退伙、份额转让质押、解散清算等，都能较为充分地反映家族意志。

第二章

家族产业基金概述

第一节　家族产业基金的工具组合

家族产业基金是用来帮助家族企业实现扩张和分散企业经营风险的工具。同时，在家族和企业之间嵌入家族产业基金，可以帮助家族企业实现家族成员所有权和经营权的分离，实现家族企业控制权的集中行使，帮助家族企业隔离家族内部矛盾对企业经营造成冲击的风险。

家族产业基金通过多元化的基金配置，使用各种基金工具的组合实现家族企业的多种目的。在本书中，家族产业基金主要指的是以股权投资为主要形式的基金组合工具。

一、家族母基金

家族母基金（FOF）作为基金的基金位于整个投资金字塔的顶端，可以延伸至所有投资工具的核心环节，通过在整个投资领域广泛布局来获得稳定的高额回报。母基金的运行需要专业管理团队的参与。

家族财富母基金作为一个整体，具有体量巨大、投资方式多元的特点，通过不同的财富管理工具配置，科学化、专业化的管理，可以加强家族财富抵御风险的能力。可以通过母基金联合大型战略投资者，扩大集群优势，进一步加强家族的影响力和家族财富的风险抵御能力。

通过母基金控股家族企业，可以有效分离企业经营权和收益权，避免直接持股可能导致家族内部股权变动影响家族企业决策的问题，同时避免家族信托硬性绑定家族成员利益的缺陷。

母基金筛选最优秀的投资机构进行合作，投资于最专业的管理团队，让家族财富可以享受到顶尖投资机构、团队带来的价值回报。

家族财富设立"瓦伦堡家族"式的母基金，一站式满足财富保值增值的战略需求。母基金可直接参股控股产业相关企业，也可以借由 PE、并购等基金形式打造围绕家族企业的完整产业链。间接通过天使基金、VC 基金、PE 基金、并购基金参与产业投资，分享基金的专业投资眼光带来的高额回报收益。在短期收益中，母基金可以配置参与证券二级市场，期货、衍生品市场等各种基金，通过在资本市场的专业化运作和对冲操作，满足家族财富的短期收益需求。

二、天使投资

天使投资是针对种子期的具有巨大发展潜力的企业（项目）进行权益资本投资的行为。

作为财富配置的产品之一，家族财富可以直接参与天使投资基金，用专业化的投资眼光选择与家族企业产业链相关的高成长天使项目，天使项目将逐渐与家族拥有的企业形成产业链关系。成功的家族具有一般投资者不可比拟的社会影响力和资源整合能力，可以帮助天使项目轻松解决创业初期的人才、技术、市场等导致初创企业夭折的难题，大幅提高天使投资的成功率。

家族财富还可以设立天使基金形式的内部人才基金，将家族企业中、家族成员中有创业愿望和梦想的人才整合，为他们提供资金、社会关系等各方面的支持。

天使投资具有投资小、失败率高、回报丰硕的特点。据统计，天使投资的单个项目投资额一般在 100 万元左右，四成左右的回报额少于投资额，成功的案例中约 10% 的退出实现了 10 倍以上的回报，这些成功的退出占投资回报总额的 75%，所有退出项目平均回报率为 4.5 倍左右。

天使投资的标的集中在企业发展初期，通常需要较长时间的项目培育才能完成 IPO 退出，实现其收益。投资者可选择股东回购、并购、股权转让等多种退出方式，灵活调整资金收益和资金流动性之间的平衡。

三、股权投资

VC/PE 方式的股权投资，主要是对非上市创新创业企业进行的权益性投资，帮助所投资的创新创业企业尽快成熟，取得上市资格，在企业的快速成长中获利。

股权投资可以作为一项战略性长期投资，不仅限于短期的家族财富增值功能，以股权投资方式参股控股其他企业，提升家族企业品牌价值，扩大家族社会影响力。

家族财富参与 VC/PE 形式的私募股权投资，可以发挥自身在产业经营方面的经验，有针对性地投资于家族企业相关产业的优质投资标的，有利于家族企业巩固行业战略地位，促进家族企业形成贯穿上下游的完整产业体系，部分抵消企业在原材料市场和下游销售市场中的风险因数，为家族企业的长久发展铺平道路。

股权投资是目前全球家族财富管理的最主要产品，母基金将约40%的资金配置到 VC/PE 项目中。

VC/PE 项目大多以 IPO 作为最终获利退出方式，同时也经常采取并购或股权转让方式实现退出。VC/PE 项目的退出收益相比其他投资方式较高，其中 IPO 受到国内政策红利和一二级市场定价差的双重影响，是回报最高的一种退出方式。

股权投资风险略低于天使投资，整体仍具有较高风险，需要严格的风险控制体系和风险管理流程降低投资风险。国内 PE 的投资周期通常为 3~5 年，VC 通常为 5~7 年，属于中长期投资，未 IPO 的企业股份无法自由流通，因此，整体资金流动较差。

四、并购投资

并购投资是专注于对目标企业进行收购与重组的投资活动，主要是应用于企业自身发展需求，帮助企业实现快速战略扩张。近年来横向并购的发展十分迅速，企业通过并购实现产业集群迅速做大做强的案例屡见不鲜。纵向并购和混合并购以家族企业为核心进行配置，打造完整的上下游产业链条，实现多元化投资战略。

并购是每一个成功家族发展阶段中必不可少的重要环节，成功的战略性并购能够给家族企业带来多种效益：扩大经营规模，发挥规模效应，降低成本费用；提高市场份额，提升行业战略地位，确立行业中的领导地位；实施品牌战略，提升企业知名度；通过并购取得先进的生产技术、管理经验、经营网络、专业人才；通过收购跨入新行业。

成功并购不仅为企业带来账面收益，使企业完成快速扩张的过程，而且能在提升品牌形象、行业知名度和获得技术、人才方面，为企业提供通过其他投资无法获得的收益。

并购是一项高风险的投资活动，其风险贯穿于融资、交易实施、整合重组的过程中。引起并购风险的因素很多，包括筹资困难、估值偏差、目标企业信息不准确、缺乏有效管理等。

五、特色产业投资

敏锐把握市场动态，结合当前最新产业发展动向以及特定产业发展规律，发掘最有投资价值潜力的投资板块，提早布局，为家族财富配置高效的财富配置工具。

精心筛选投资市场中的热点模块，关注最适宜家族财富配置的高门槛、高成长、高回报产品，重视产品优化投资结构的作用，创新投资模式，打造独具特色的投资产品。通过与产业精英人士、机构密切协作，形成影视文化基金、互联网金融、特色地产基金、海外基金等特色产品。这些产品普遍具有风险可控、附加值高、品牌影响力强的特点。

第二节　家族产业基金的组织形式

家族产业基金在法律上的划分，自 20 世纪中叶开始，经过一个世纪的发展，到目前主流的组织形式有三种：合伙制、信托制（契约制）和公司制。在本书中，将对这几种形式的法律特点、运作模式等进行介绍，以便对家族产业基金有基本的了解。

一、合伙制家族产业基金

合伙制是指两个或两个以上的合伙人共同投资并分享剩余、共同监督和管理企业。合伙制的特征是多个合伙人共同投资、共同经营和管理企业、共同分享利益和风险。合伙企业分为普通合伙企业和有限合伙企业，普通合伙企业由普通合伙人（general partner，GP）组成，合伙人对合伙企业债务承担无限连带责任。有限合伙企业由普通合伙人和有限合伙人组成，普通合伙人对合伙企业债务承担无限连带责任，有限合伙人（limited partner，LP）以其认缴的出资额为限对合伙企业债务承担责任。一般情况下，有限合伙人是有限合伙的主要出资人，并不参与合伙的经营管理，也不能对外代表合伙组织。而普通合伙人一般是合伙企业的执行人，具有特殊的管理才干，负责合伙组织的经营管理。有限合伙企业中的这种角色与分工使得资金与专业才能相结合，本书后面要讲的家族产业基金正是需要这种较为重要的特征。

有限合伙制作为普通合伙制的一种形式，来源于中世纪的远洋贸易。当今有限合伙制逐渐在股权投资市场成为主要的组织形式，在美国超过八成的股权投资基金都采用有限合伙制，可见其在股权投资基金中的作用。有限合伙制基金的组织结构如图 2−1 所示。

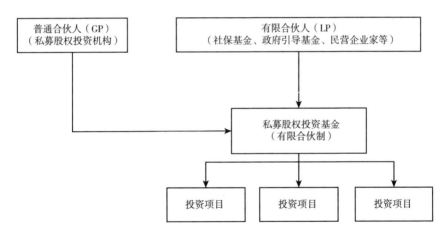

图 2−1　有限合伙制基金的组织结构

我国 2007 年 6 月 1 日施行的《合伙企业法》设专门条款对有限合伙企业进行了界定，专章规定："有限合伙企业由普通合伙人和有限合伙人组成，普通合伙人对合伙企业债务承担无限连带责任。有限合伙人以其认缴的出资额为限对合伙企业债务承担责任。"有限合伙制根据投资人地位的不同而对有限合伙企业承担不一样的责任，同时，有限合伙企业的设立、运作和解散等都依照有限合伙法行事。

实际上，在《合伙企业法》修订生效之前，有限合伙制已经在我国有初步发展，一些地方政府针对企业发展制定了有限合伙法的细则，如杭州市政府在2001 年颁布了《杭州市有限合伙管理暂行办法》，同年，北京市政府也颁布了《有限合伙管理办法》。本次修改后的《合伙企业法》从根本上承认了有限合伙法的合法性，从而使中国的股权基金得到了迅速的发展。中国第一家合伙制股权基金成立于 2007 年 7 月，即上海朱雀投资发展中心。从此，合伙制企业走上了快速发展的轨道，至 2008 年中期，仅上海市浦东新区就成立了三十多个有限合伙制的投资中心，主要从事股权投资、私募基金等，可见，有限合伙制的引入对股权基金的发展起到了重要的推动作用。

有限合伙制是家族产业基金最受欢迎的组织形式，其原因主要在于以下三个方面。

1. 可以更好地解决投资者与管理者之间的委托代理问题

普通合伙人负责基金的运作管理，除了收取管理费外，也依据有限合伙的合同，虽然只占 1% 或 2% 的出资额但享受一般是 20% 的利润，要对基金的债务承担无限责任。而有限合伙人是家族产业基金绝大部分的资金来源提供者，但并不参与日常管理工作，并且仅以其出资额为限承担债务。这种组织形式使得基金的运作权责明确，比较好地解决了企业中普遍存在的约束——激励机制问题。

2. 资本制度灵活

有限合伙制家族产业基金最为突出的特点是具有灵活的资本制度，主要体现在以下五个方面。

一是有限合伙制基金的法定内容较少，比较自由，能够兼具组织实体和合同自由的双重优势，可以通过合伙协议灵活地约定合作内容与经营方式。例如，可以根据基金管理人（GP）的投资经营效益，在协议中约定灵活的分配方法，如收益提成、执行合伙事务的报酬等，从而有效设置激励措施，调动基金管理人的积极性。

二是由于合伙人的数量可以为 2～50 个，使有限合伙制基金在保证私募性质的同时，具有较强的融资能力。我国《合伙企业法》第 61 条规定，有限合伙企业由 2 个以上 50 个以下合伙人设立（法律另有规定的除外）。同时，我国《合伙企业法》规定，普通合伙人可以以劳务形式出资，这符合普通合伙人作为基金管理人主要提供管理服务的特点。

三是明确了不同合伙人的资格，保证了基金管理人的独立性。有限合伙人制家族产业基金的基金管理者作为普通合伙人负责合伙事务的执行，并获取执行事务的报酬。而作为出资方的有限合伙人通常并不涉及基金事务的具体工作。

四是有限合伙制基金的合伙份额转让较为灵活，能够满足基金份额转让的要求。我国《合伙企业法》第 73 条规定，有限合伙人向合伙人以外的人转让其在合伙企业中的财产份额时，其他合伙人没有优先购买权，只要提前 30 日通知其他合伙人即可。

五是合伙企业税后利润的分配没有限制，这符合私募基金运作的需要。根据我国《合伙企业法》第 18 条、第 33 条和第 69 条的规定，合伙人利润分配额度无限制，概由合伙协议约定，无须强制提留公积金、准备金。有限合伙人制基金可以实现税后利润 100% 的分配，这符合家族产业基金高风险、高回报、高分配的需要。

3. 具有税收优惠制度

在美国，有限合伙企业可以同时享受有限责任制的有限责任（对有限合伙人）和合伙人制的税收优惠。即：当有利润时，合伙组织并不承担所得税，所以没有二次交税的情形；当有亏损时，合伙人可以将此亏损用于扣抵其他的收入而达到合法避税或合法减税的目的。

我国《合伙企业法》第 6 条采用了国际普遍做法，规定合伙企业的生产经营所得和其他所得，由合伙人分别缴纳所得税，即合伙企业在企业层面不需要缴纳所得税，只需在合伙人层面一次纳税。所以，有限合伙制家族产业基金的纳税环节少，税负较低，适合家族产业基金作为专业投资基金的特点。

由于有限合伙企业在管理权限、激励约束机制、财务杠杆放大效应和税收上都满足了家族产业基金投资行业的特定需要，因此，这种组织形式也越来越多地被家族产业基金投资机构所采用。在我国，2006 年 8 月 27 日，全国人大常委会修订了《合伙企业法》并自 2007 年 6 月 1 日起施行，其后，国务院修订了《合伙企业登记管理办法》。相关法律法规的健全和完善奠定了合伙企业发展的制度基础，使得中国的私募股权投资机构近年来开始逐渐以合伙企业名目出现。预期该模式在未来将成为我国家族产业基金最主要的组织形式。

二、公司制家族产业基金

早期的家族产业基金以公司制为主要形式，当时美国的风险投资基金普遍采用公司制。目前工人的第一个家族产业基金——1946 年成立的"美国研究与发展公司"（ARD 公司）就是公司制的家族产业基金。1958 年，美国中小企业局（SBA）受 ARD 公司的启发及当时发展高科技产业的需要，颁布《小企业投资法》，确立了小企业投资公司制度。在之后的二十年，公司制的风险投资基金风起云涌。目前，因为合伙型家族产业基金的发展，公司制在美国已经不是家族产业基金的主流模式，但在世界上其他国家或地区，则主要以公司制作为家族产业基金的组织形式。中国家族产业基金的发展时间比较短，初期更多的是政府层面设立的创业投资基金，其后逐步得到发展，尤其伴随中国的资本市场的繁荣，家族产业基金在中国迅速成长，其组织形式也逐步多元化，信托制、有限合伙制家族产业基金纷纷涌现，但迄今为止，公司制仍是家族产业基金的最常见的组织形式，尤其对于创业投资基金而言，公司制比有限合伙制和信托制具有更普遍的意义。

公司制企业是一个法人团体，其产权分属投资者即股东，股东享有公司剩余索取权。公司的典型特征是有限责任制，即公司的股东仅以出资为限对公司的债务承担有限责任，而超出出资的债务股东不再负责。公司的治理结构包括股东大会、董事会和监事会，股东大会是公司的权力机构，董事会是公司的执行机构，监事会是公司的监督机构。鉴于公司制的有限责任特征，大多数国家法律在出资人数、出资金额、出资方式等方面都对公司，尤其是股份有限公司的成立作出了较为严格的要求。我国自 2006 年 1 月 1 日起实施的新《公司法》规定，有限责任公司由 50 个以下股东出资设立，注册资本的最低限额为人民币 3 万元。根据我国《关于建立风险投资机制的若干意见》的规定，风险投资公司采取有限责任公司、股份有限公司等形式并积极探索新的运作模式，允许风险投资公司运用全额资本金进行投资。

公司制家族产业基金是目前我国家族产业基金中最常见的组织形式。在该经营模式中，基金的管理者通过设立有限责任公司或者股份有限公司，或者间接以控制子公司的方式设立公司，其主营业务是对未上市企业进行股权投资。它通过合同捆绑的方式来规范投资行为并保障资金的安全，即由投资人出资设立的投资公司与家族产业基金管理人出资设立的投资管理公司共同签订《投资管理合同》，其中规定了投资管理公司发掘、筛选和评估拟投资项目，进行投资与管理确定的项目，并向投资人汇报投资回报率等财务状况。同时，为了通过银行对投资管理公司资金运用的监督来保证投资基金的安全，需要签订投资公司、投资管理公司和银行三方的《投资账户托管协议》。公司制家族产业基金的组织结构如图 2-2 所示。

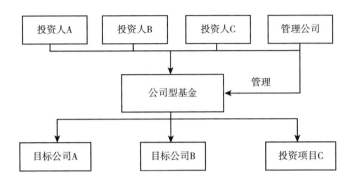

图 2-2 公司制家族产业基金的组织结构

无论是设立有限责任公司还是股份有限公司，家族产业基金，在设立时都具有如下共同特点。

（1）公司作为企业法人具有独立的财产权。

（2）公司股东仅以其认缴的出资额或认购股份为限对公司承担责任。

（3）有限责任公司股东、以发起设立的方式设立的股份有限公司发起人在设立时缴纳 20% 的注册资本金，成立后的 2 年内缴足注册资本金，如为募集设立，应在设立时全部募足。股份有限公司最低注册资本金不得少于 500 万元人民币。

（4）公司应符合具有住所、名称、组织机构、法定人数等基本要求。

公司制基金的设立在程序和组织结构上需符合《公司法》的要求，基金的运作比较正式和规范。但这种方式过于僵化，例如资本金的出资与实缴形式、吸收资金的种种不便等。同时，公司制下的家族产业基金有一个显著的缺点，即需要以公司的名义缴纳企业所得税等各种税费，公司股东还要以个人名义对从基金公司中取得的分红缴纳个人所得税。此外，由于公司制私募基金的所有投资人都是股东，对基金的运作、经营和管理有同等权利，这使得股东的退出或加入都必须通过召开股东会讨论决定，不利于私募基金的稳定。

三、信托制家族产业基金

所谓信托制产业基金，实际上是一种通过信托投资公司发行集合资金信托凭证，用募集到的资金投资于未上市企业进行股权投资和提供经营管理服务的利益共享、风险共担的集合投资制度。该模式与当前信托投资公司发行的集合资金信托产品的区别是：当前发行的集合资产信托产品都是先有项目然后发行信托凭证；而信托制基金的模式是先前没有项目的时候，信托公司就发行集合信托凭证。

我国《信托法》第 2 条规定："本法所称信托，是指委托人基于对受托人的信任，将其财产权委托给受托人，由受托人按委托人的意愿以自己的名义，为受托人的利益或者特定目的，进行管理或者处分的行为。"因此，信托制基金一般包括三个主体：一是委托人，即家族产业基金的投资者；二是受托人，即受托运营投资者资金的主体；三是家族产业基金管理者，即实际管理家族产业基金运营的主体。在实际操作中，信托基金的受托人依据基金信托合同，以自己的名义为基金持有人的利益行使基金财产权，并承担相应的受托人责任。一般地，信托型基金可以利用一家信托投资公司作为受托人发行信托，然后该信托投资公司聘请外部投资顾问公司作为家族产业基金的实际管理人，或者自己直接作为基金的实际管理人。信托制基金的组织结构如图 2 - 3 所示。

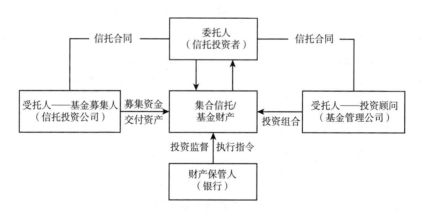

图 2 - 3　信托制基金的组织结构

我国采取信托制的组织形式从事股权投资的历史较短。2007 年 3 月 1 日，由银监会制定的《信托公司管理办法》和《信托公司集合资金信托计划管理办法》正式实施，明确指出，银监会将优先支持信托公司开展私募股权投资信托、资产证券化等创新类业务，为信托型基金的设立和发展提供了政策保障。自此，我国信托制家族产业基金开始逐渐扩展开来，陆续有多家信托公司推出了以私募股权投资信托为卖点的信托产品，受到了市场的关注。例如，中信信托推出的"中信锦绣一号股权投资信托"、深圳国际信托公司推出的私募股权投资信托产品"深国投铸金资本一号股权投资集合资金投资计划"等私募股权信托投资计划深受市场的热捧。

信托制基金的特征体现在以下三个方面。

一是通过信托渠道筹集资金可以有效地放大 PE 业务资金额度，有利于迅速集中 PE 业务投资所需要的大量资金。信托公司作为营业性的信托机构，其存在的根本价值在于，能够将广泛的社会资金，通过特定的规则（信托制度）和载体（具体信托业务形态）转化为社会发展和经济建设所需的投资资本。

二是信托制基金引入了严格的受托制度，用以规范信托基金财产的管理和运作，有利于建立严密的风险内控体系。首先，信托制基金拥有受益人大会制度。《信托公司集合资金信托计划管理办法》规定："出现以下事项而信托计划文件未有事先约定的，应当召开受益人大会审议决定：（1）提前终止信托合同或者延长信托期限；（2）改变信托财产运用方式；（3）更换受托人；（4）提高受托人的报酬标准；（5）信托计划文件约定需要召开受益人大会的其他事项。"其次，信托制基金受到银监会、行业协会等机构的监督管理，信托财产必须委任经营稳健的商业银行作为第三方保管银行，并根据信托合同规定的资金用途向第三方保管银行申请资金使用。

三是信托制基金可以避免双重征税。相比公司制基金，信托作为一种法律关系通常不被视为法律实体，而是被当作一种财产流动的管道，所以信托本身不构成应税实体。因此，信托受托方可以不征税，只有当受益人取得信托收益时，才需就此缴纳个人所得税或者企业所得税。就这点而言，信托制基金可以避免公司制基金面临的双重征税问题，有效降低投资人的税收负担。

除以上特点外，信托资金往往是一次性募集，降低了信托制基金由于后期资金不到位而遭受损失的风险。但与此同时，由于家族产业基金业务运作时，需要根据每个具体项目投资进行资金的分阶段投入，信托制下募集的资金可能出现暂时闲置现象。

第三章 家族产业基金的设立和内部治理

第一节 理论基础

一、家族基金的"双重代理关系"

关于家族产业基金的组织形式，巴曙松、王文强（2007）认为，目前在我国法律许可的范围内私募基金可以采取多样化的组织形式，例如可以采取公司制、信托制和有限合伙制等形式。有限合伙制依据新《合伙企业法》设立，公司制依据《公司法》设立，信托制则是采用集合信托计划来完成。其中，公司制是我国最常见的组织形式，而有限合伙制是目前国际家族产业基金的主流模式。不同的组织形式下家族产业基金会呈现出差异化的运作模式和治理机制。

一般情况下，将会出现"逆向选择"和"道德风险"等代理问题，这就需要设计一套家族产业基金治理机制，实质上是资本所有者与基金管理人之间就权利义务关系及收益分享、风险分担方式的安排规则。私募股权投资作为一个新兴的行业，具有信息不对称性强、不确定性高等特点。信息不对称通常指委托人比代理人拥有更少的关于企业的信息。普罗米奥和奈特（Promio & Wright，2004）指出，信息不对称主要体现在：一是信息差距，往往不考虑是否影响基金管理者和企业家的决策；二是对基金管理者有利的信息不对称；三是对企业经理人有利的信息不对称。在经济学上，不对称的信息后果有两种，即"逆向选择"和"道德风险"。

逆向选择是指在信息不完整和不对称的条件下，在签约之前处于信息劣势的一方可能作出错误的选择。代理人清楚自身的真实能力（用 Vi 来表示），委托人不知道代理人的真实能力，只能根据市场上代理人总体的平均能力水平（用 EV 来表示）提供报酬。因此，高水平的代理人（自身经营价值 Vi > EV）预见到这种情况，认为自己的价值被低估从而退出市场。此时低水平代理人（Vi < EV）会留在市场中，而这些代理人不是委托人期望合作的对象。

道德风险是由于签订契约后，代理人与委托人的利益最大化目标不一致而引起的问题，代理人利用信息优势采取有损于委托人利益的行为，他们往往利用对资本的实际控制权架空委托人的控制监督，产生"内部人控制"问题。

委托—代理理论就是在信息不对称的条件下，研究委托人和代理人之间信息差别的一种契约形式，它是处于信息优势的代理人与处于信息劣势的委托人之间展开的博弈。根据公司治理的相关理论，家族产业基金不仅是产业与金融的结合、人力与资本的结合，还是投资与管理的结合。其特殊的运营模式产生了双重委托—代理关系，即投资者与家族产业基金之间的委托—代理关系和家族产业基金与被投资企业之间的委托—代理关系，前者表现为基金运营的治理环节，后者则表现为基金投资和投资后管理的治理环节。家族产业基金中的双重委托—代理关系如图 3 - 1 所示，使用鼓励与约束机制来规避信息不对称的风险。

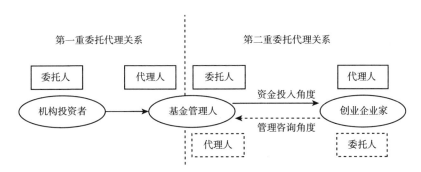

图 3 - 1　家族产业基金中的双重委托—代理关系

二、家族基金的第二类代理问题

对于家族基金而言，其股权结构"一股独大"，因此，在家族基金治理过程中，小股东利益可能被侵占的第二类代理问题成为主要的治理问题，尤其是新兴市场中，股权集中度较高，公司代理问题集中体现为大股东对于中小股东利益侵占的掏空问题。相较于"一股独大",更好的股权结构是"多股制衡"(郑志刚等,2012),几个持股相对较多的股东有利于完善公司治理结构,减轻大股东利用控制权谋取私利并侵害中小股东的利益(高雷和宋顺林,2007;唐清泉等,2005;吴育辉和吴世农,2011)。已有文献主要从股权制衡和股东大会投票角度研究股权结构对于公司业绩波动性水平(李琳等,2009)、公司价值、会计信息质量(陈信元和汪辉,2004)、企业技术创新(李姝等,2018)等影响,这些文献未能深入分析股权制衡发挥作用的途径和机制。在我国上市公司现存的公司治理机制中,控股股东之外的积极股东的存在成为目前阶段较为有效的公司治理机制,但是在研究第二类代理问题的文献中,对于董事会中最能代表中小股东利益的非控股股东委派董事研究较少。

董事作为公司全体股东的利益代表(李维安等,2004),在保障中小股东利益方面发挥着至关重要作用。董事会在公司经营决策中作用,是股权制衡发挥作用的途径。因此,研究董事会的构成及其运作,对于公司治理具有重要意义。

由于种种原因,我国独立董事制度难以发挥监督大股东的作用,因此,对非控股股股东在董事会中制衡作用的研究显得尤为重要。传统文献在研究第二类代理问题时聚焦于独立董事的占比以及投票数据,但是较少研究非控股股东委派董事,一方面是因为前期我国资本市场股权集中度,非控股董事占比很低,难以发挥制衡作用。但是随着我国进入股权分散化时代(郑志刚等,2016),非控股董事的监督制衡作用逐渐体现出来。另一方面是由于数据的易得性较差。许宁(2021)使用董事兼职数据,运用 Matlab 软件对董事兼职信息和股东名称进行文本匹配,从而获取董事类型信息,并在此基础上研究董事会中非控股董事占比对遏制大股东掏空的影响以及公司业绩、产权性质及市场化程度对于该影响的调节作用。采用非控股董事在董事会中席位占比来衡量非控股董事制衡力量的大小。一方面,相较于股权结构制衡,董事会中非控股董事占比是非控股股东对于大股东制衡力量的直接体现。另一方面,相较于股权占比这种市场化行为的结果,董事会结构更容易受法律法规调节。许宁(2021)的研究表明,非控股董事在董事会中的占比对于遏制大股东掏空具有显著作用,且在民营企业、业绩较差企业和市场化程度较低地区的企业中尤为明显。在累积投票制度下,董事会规模越大,大股东掏空反而更严重。

第二节　公司制家族产业基金设立及其治理机制

一、公司制家族产业基金的设立

中国目前设立公司制家族产业基金的法律依据主要是 2005 年修订的《公司法》、2003 年 3 月 1 日施行的《外商投资创业投资企业管理规定》、2006 年 3 月 1 日施行的《创业投资企业管理暂行办法》以及相关的配套法规。

《公司法》规定了有限责任公司和股份有限公司两种公司形式。《公司法》第 3 条规定："公司是企业法人，有独立的法人财产，享有法人财产权。公司以其全部财产对公司的债务承担责任。有限责任公司的股东以其认缴的出资额为限对公司承担责任；股份有限公司的股东以其认购的股份为限对公司承担责任。"

关于有限责任公司的设立，《公司法》第 23 条规定，设立有限责任公司应当具备下列条件：（1）股东符合法定人数；（2）股东出资达到法定资本最低限额；（3）股东共同制定公司章程；（4）有公司名称，建立符合有限责任公司要求的组织机构；（5）有公司住所。

第 24 条规定，有限责任公司由 50 个以下的股东出资成立。

第 26 条规定，有限责任公司的注册资本为在公司登记机关登记的全体股东认缴的出资额。公司全体股东的首次出资额不得低于注册资本的 20%，也不得低于法定的注册资本最低限额，其余部分由股东自公司成立之日起 2 年内缴足；其中，投资公司可以在 5 年内缴足。

关于股份有限公司的设立，《公司法》第 77 条规定，设立股份有限公司，应当具备下列条件：（1）发起人符合法定人数；（2）发起人认购和募集的股本达到法定资本最低限额；（3）股份发行，筹办事项符合法律规定；（4）发起人制定公司章程，采用募集方式设立的经创立大会通过；（5）有公司名称，建立符合股份有限公司要求的组织机构；（6）有公司住所。

第 78 条规定，股份有限公司的设立，可以采取发起设立或者募集设立的方式。发起设立，是指由发起人认购公司应发行的全部股份而设立公司。募集设立，是指由发起人认购公司应发行股份的一部分，其余股份向社会公开募集或者向特定对象募集而成立公司。

第 79 条规定，设立股份有限公司，应当有 2 人以上 200 人以下为发起人，其中须有半数以上的发起人在中国境内有住所。

第 81 条规定，股份有限公司采取发起设立方式设立的，注册资本为在公司登记机关登记的全体发起人认购的股本总额。全体发起人的首次出资额不得低于注册资本的 20%，其余部分由发起人自公司成立之日起 2 年内缴足；其中，投资公司可以在 5 年内缴足。在缴足前，不得向他人募集股份。股份有限公司采取募集方式设立的，注册资本为在公司登记机关登记的实收股本总额。股份有限公司注册资本的最低限额为人民币 500 万元。法律、行政法规对股份有限公司注册资本的最低限额有较高规定的，从其规定。

《公司法》仅就设立公司制家族产业基金进行了原则性规定，这些规定适用于所有在中国设立的有限责任公司和股份有限公司。但商务部颁发的《外商投资创业投资企业管理规定》及国家发展与改革委员会颁发的《创业投资企业管理暂行办法》对在国内设立公司制投资基金进行了特别规定，这些规定较《公司法》更为详细地对创业投资企业进行了规定，体现了国家鼓励创业投资的立法精神以及对创业投资的引导作用，有利于创业投资的健康发展。具体表现在以下几个方面。

（一）设立投资人门槛

为确保创投企业在资本私募过程中仅涉及具有高风险鉴别能力和承受能力的投资者，《创业投资企业管理暂行办法》规定创业投资企业的投资者人数不超过 200 人（以有限责任公司形式设立的创业投资企业的，投资者人数不得超过 50 人）的同时，还特别规定"单个投资者对创业投资企业的投资额不得低于 100 万元人民币。所有投资者应当以货币形式出资"。有了这一限制性规定之后，创业投资企业在资本私募时将针对有一定经济实力的机构和个人，较难涉及中小投资者，有利于创业投资行业的发展。

（二）允许更为优化的资本制度

修订前的《公司法》要求公司施行法定资本制度而非承诺资本制，因而存在资本一次到位后的资金闲置问题。修订后的《公司法》规定有限责任公司和以发起方式设立的股份公司的注册资本在首期只需要到位 20%，其余资金要求在 2 年内到位，这是一种折中的法定资本制，较之法定资本制已有进展，但仍然可能导致一定程度的资金闲置。《创业投资企业管理暂行办法》对创业投资企业的出资制度作出了创新性规定，即"实收资本不低于 3000 万元人民币，或者首期实收资本不低于 1000 万元人民币且全体投资者承诺在注册后的 5 年内补足不低于 3000 万元人民币实收资本"。这样，创业投资企业就可以较大规模承诺资本和一定规模实收资本先期成立，待成立之后再根据承诺协议和投资需要，逐步追加资本。

如设立一个 10 亿元规模的创业投资基金，首期到位资本只需 1000 万元，其余的 9 亿 9 千万元可以按照投资人的出资承诺，在注册后的 5 年内逐步补足。而根据《公司法》的规定，10 亿元的创业投资基金在设立之初就需要缴纳 2 亿元注册资本，剩余 8 亿元也需要在 2 年内到位，可见前者较《公司法》规定更倾向于一种承诺资本制，更利于创业投资基金的设立和发展。

（三）允许以特别股权方式投资

外资家族产业基金在投资时常采用可转换优先股和可转换债券等金融工具进行投资，以防范投资时与被投资企业信息高度不对称的风险。我国《公司法》规定同股同权，虽然某些方面可以在章程中另行规定，但是基本原则是公司只能发行普通股。为此，《创业投资企业管理暂行办法》做了有益的突破，该法第 15 条规定："经与被投资企业签订投资协议，创业投资企业可以以股权和优先股、可转换优先股等准股权方式对未上市企业进行投资。"虽然在具体操作上，目前在国内特别股权投资方式还受限制，但不排除这些规定只要不违反《公司法》的强制性规定，应可以通过投资方和被投资方签订协议的方式得到最终实现。

（四）保障对管理人的激励机制

《创业投资企业管理暂行办法》第 18 条规定："创业投资企业可以从已实现投资收益中提取一定比例作为对管理人员或管理顾问机构的业绩报酬，建立业绩激励机制。"这个规定明确了对于管理人可以实行激励机制，使得过去不少国有独资或国有控股的创业投资公司通过业绩报酬建立激励机制有了依据。

（五）允许通过债权融资进行投资

在我国，由于《贷款通则》规定贷款资金不得用作对企业的股权投资，因而使得创业投资公司即使向银行借到了贷款，也无法用作创业投资。《创业投资企业管理暂行办法》第 20 条规定："创业投资企业可以在法律规定的范围内通过债权融资方式增强投资能力。"这对于创业投资企业而言是积极的推动。

（六）创投企业的税收优惠政策

创业投资企业作为一个法人实体，需要缴纳企业所得税，而当公司收益以分红的形式分配给股东时，股东作为自然人或法人同样需要缴纳所得税。这就造成了创业投资企业面临的双重征税问题，对创业投资企业的发展造成一定阻碍。为解决创业投资企业的税收政策问题，在《创业投资企业管理暂行办法》颁布一年之后，2007年2月15日财政部和国家税务局联合颁布了《关于促进创业投资企业发展有关税收政策的通知》（以下简称《税收政策通知》），对中国发展公司制的家族产业基金产生了积极的推动作用，主要体现在以下方面。

1. 公司制基金的税收优惠政策

创投企业采取股权投资方式投资于未上市中小高新技术企业2年以上（含2年），可以享受税收优惠政策。

2. 应纳所得额抵扣制度

创投企业可按创投企业对中小高新技术企业投资额的70%抵扣该创投企业的应纳税所得额，但是对所投资的中小高新技术企业有规模和科技含量的双重门槛限制。

（1）所投资的中小高新技术企业职工人数不超过500人，年销售额不超过2亿元，资产总额不超过2亿元。

（2）创业投资企业申请投资抵扣应纳税所得额时，所投资的中小高新技术企业当年用于高新技术及其产品研究开发经费须占本企业销售额的5%以上，技术性收入与高新技术产品销售收入的合计须占本企业当年总收入的60%以上（含60%）。

3. 应纳税所得额可逐年延续抵扣制度

公司制投资基金按上述规定计算的应纳税所得额抵扣额，符合抵扣条件并在当年不足抵扣的，可在以后纳税年度逐年延续抵扣。这个规定与税法对其他企业亏损弥补的期限为5年相比较，是一项有益的突破。

4. 所得税不得重复征收制度

公司制基金从事股权投资业务的其他所得税事项，按照国家税务总局《关于企业股权投资业务若干所得税问题的通知》的有关规定执行。该通知主要规定如下。

（1）关于企业股权投资的所得税，凡投资方企业适用的所得税税率高于被投资企业适用的所得税税率的，投资方企业才需要补缴不足部分的企业所得税。这个投资所得是指企业通过股权投资从被投资企业所得税后累计未分配利润和累计盈余公积金中分配取得股息性质的投资收益。

（2）关于企业股权投资转让所得和损失的所得税，应并入企业的应纳税所得，依法缴纳企业所得税。但因收回、转让或清算处置股权投资而发生的股权投资损失，可在税前扣除。企业股权投资转让所得或损失是指企业因收回、转让或清算处置股权投资的收入减除股权投资成本后的余额。

5. 股息和红利无须纳税制度

最后，创业投资企业从所投资企业分得的股息及红利收益均被视为税后收益而无须缴税。

实例：创业投资企业税收政策

鉴于创业投资企业享有税收减免的制度，在业内为不少家族产业基金所推崇。假设一个人民币创投有限公司总投资额为3亿元，全部用于高新技术企业投资，投资收益合计是2亿元，其中5000万元为股息红利。根据《税收政策通知》的规定，投资于中小高新企业的投资额70%可以作为税基来抵扣所得税，业绩3亿元×70%即2.1亿元可以抵扣所得，另外股息红利部分5000万元也无须缴税，总共可用于抵扣的税金是2.6亿元，但当年度收益只有2亿元，因此多余的6000万元可抵扣税金额度可用于未来年度的所得税抵扣。所以这个创业投资企业投了3亿元，获得2亿元利润，当年度所得税为零。再如这个创业投资企业3亿元资金只投了2亿元于中小高新企业，可以抵扣的应纳税所得应是2亿元×70%，即1.4亿元，因为投下去第一年不一定有回报，且对中小企业投资要投满两个年度后才可以用于抵扣，所以我们用3个年度的平均投资周期来计算。假设基金管理费用一年是2.5%，三年的管理成本＝3亿元×2.5%×3＝0.225亿元。如果投向高新技术产业的2亿元中，1亿元全部亏损，另外1亿元不亏不赚，另外1亿元上市退出，获得资本利得2.4亿元，股息红利6000万元，共计3亿元，这个创投公司应纳的所得税应该是2.4亿元的资本利得，要扣掉亏损1亿元，再减掉管理成本0.225亿元，然后我们得出一个应纳税的所得额是1.175亿元，但因为1.4亿元的可抵扣税基，所以本轮投资可以全部免税，而且其中有剩余的2250万元（1.4亿元－1.175亿元）可以用于未来年度抵扣或者是创业投资企业的其他收益所得税的抵扣。因此，本次投资三年的回报是1.775亿元，约59.2%的年化回报率。

创业投资企业税收优惠政策的意义如下。《税收政策通知》的颁布和实施给予高科技成长型企业投资的家族产业基金高额的抵扣税基优惠政策，且对不足抵扣的还实施可在以后纳税年度逐年延续抵扣的突破性政策，有效支持了公司制家族产业基金的发展，同时也起到了向高科技成长型企业的投资引导作用，给公司制家族产业基金注入了崭新的活力。该通知不仅适用于内资创业投资企业，而且适用于外资创业投资企业，适用范围广泛，使公司制成为中外家族产业基金在选择组织形式时与信托、有限合伙制并行的一种组织形式。

二、公司制家族产业基金的治理机制

在公司制的家族产业基金中，公司股东对投资经理的约束效果较弱。究其原因，一是基金经理只有在违反有关义务的前提下，其作为公司的董事或经理才对公司及股东承担责任；二是投资者作为基金公司的股东，可以通过股东大会和董事会罢免投资经理，这是股东的基本权利，但是由于经理所负责的投资项目必须要在投资多年后才能清算盈利，获得相应的利润分配，而这之前，却不得不面临随时被罢免的危险，这必然迫使经理不能完全从基金公司利益最大化出发开展业务，从而会对公司的运营带来影响。从激励机制方面来看，在公司制形式下，投资经理作为公司的雇佣者，获取高额回报具有一定困难，很难想象公司经理能够得到高达20%的公司利润。公司制治理下的家族产业基金，利润的大部分被分配给了股东，投资经理虽然拥有公司基金运作的决策权和专业知识，但是没有产权，这种制度安排造成了较高的代理成本。

另外，公司制家族产业基金的运作成本较高，究其原因，一是公司本身必须缴纳公司所得税，此外投资者必须还要缴纳个人所得税，即投资者缴纳双重税；二是公司的日常开销很难控制。在公司制下，投资者不能一次性支付一定的费用作为基金经理的报酬和基金公司日常开销。基金经理作为公司雇员，其与公司在法律上属于劳动关系，所以公司支付给经理的劳动报酬会受到劳动法律的调整，而投资者也无法采取固定管理费用的做法。

1. 一般公司的内部治理

现代企业制度最大的特点就是两权分离，实行两权分离的公司制企业，都有必要建立一个科学、合理、有效的公司内部治理结构。狭义地说，公司内部治理是指所有者（主要是股东）对经营者的一种监督与制衡机制。即通过一种制度安排，来合理地配置所有者与经营者之间的权利与责任关系。公司治理的目标是通过由股东大会、董事会、监事会及管理层所构成的公司治理结构来保证股东利益的最大化，防止经营者对所有者利益的背离。

这一治理结构，既要保证公司的经营者不得违背所有者的利益，同所有者保持一致，又要保证公司的经营者决策科学、有效。就前者而言，涉及建立怎样的激励和约束机制，由谁来行使激励和约束的权力，怎么行使权力等问题；就后者而言，涉及建立怎样的决策制衡机制，由谁进行决策，以怎样的方式和程序决策以及如何保证决策执行等问题。为达到这两个目标，公司应该建立如下的内部治理结构框架。

总体上说，公司内部治理结构包含两层制衡关系：一是公司内部股东大会、董事会、监事会的三权或三个主体的分权结构和内部制衡关系；二是董事会与总经理的经营决策权与执行权的分权结构和内部制衡关系。这两层关系又可分解如下。

所有者和经营者的委托—代理关系：两权分离。

所有者或股东大会授权经营者或其集体从事经营活动。为保证两者分权明确，所有者只行使所有权，经营者享有经营权。为使经营者不仅享有权力，还必须承担经营责任，实现经营权利与义务的对等，形成权责制衡关系。有关这两个方面的规定是通过所有者与经营者的委托—代理责任关系体现的，并以契约（比如说公司章程）予以明确规定。

（1）所有者和监事会的委托受托监督责任关系。所有者或股东大会授权监事会从事监督活动，监事会有代表所有者或股东会对经营者或其经营集体行使监督的权力。与这种权力相对称，监事会必须对经营者的行为是否符合所有者或股东的利益进行监督。所有者或股东大会与监事会的这种关系是通过所有者与监事会的委托受托责任关系体现的，并通过公司章程中关于监事会的规定予以明确。

（2）监事会与经营者的监督与被监督的关系。监事会受所有者或股东的委托对经营者进行监督。监事会享有监督权，经营者必须接受监督。两者是监督与被监督关系，其相互关系也以契约的方式规定。

（3）董事会和经理层的经营决策与执行关系。董事会和经理层都是经营者集体的构成要素。但是，由于执行经营分权，董事会拥有决策权，总经理或其集体拥有执行权。不仅存在两个主体的权责如何分割、相互制约的问题，而且存在他们各自的权责结构的对称问题，这种关系也可以被理解为一种委托—代理关系，这些也必须在公司章程或内部规章制度中明确规定。

2. *公司制家族产业基金的内部治理*

以上是公司内部治理的一般理论，但公司制家族产业基金相对一般公司而言并不完全一样，这主要是因为公司制家族产业基金运作上业务性质和人员素质要求等特点决定了其与一般的公司内部治理结构不同。公司制家族产业基金运作上的特点如下。

（1）业务为高度不确定的资本经营。家族产业基金的业务主要是寻找高成长的企业并进行投资，以及提供投资后增值服务和寻找退出途径。不像一般的生产型或服务型公司，其产品或服务集中在某一个领域，在经营过程中原则上不会出现大的偏离。家族产业基金并不局限于一个行业或是领域，而是涉及多个行业或领域的研究和经营。因此，家族产业基金的业务是具有高度不确定性的资本经营。

（2）从业者均为专业精英。家族产业基金的跨行业投资和经营特性要求其从业人员具有基础的财务、法律等知识背景以及某些行业背景，同时需要从业人员具有高度的学习能力、沟通能力、应变能力，综合能力和素质要求非常高。家族产业基金的人数要求不多，一般由投资分析师、投资经理和公司负责人组成，因此，私募股权基金基本是精英人员的组合。

（3）投资人人数不会过多。公司制家族产业基金相比有限合伙或信托型家族产业基金而言，除股份有限公司之外，公司制家族产业基金的投资人会直接参与公司的经营管理。虽然同时也外聘职业经理团队，但资合和人合的双重要求使得公司制私募股权基金的投资人人数不会太多。

鉴于公司制家族产业基金运作上的上述特点，其内部治理也应有所不同，主要在于公司股东人数不多且具有人合特征可以自行完成部分投资决策事项，同时公司的具体业务主要由以投资经理为核心的经营层完成，所以董事会的职责相应有所减轻。根据《公司法》的规定，股东会、董事会及监事会三权分立的机构设置，在公司制家族产业基金中，如果全部照搬照抄，反而会凸显机构臃肿而导致决策效率降低。因此，公司制家族产业基金更适合采用一种扁平式的管理模式，按大行业分成几个以投资经理为核心的专业团队，由投资经理或副总经理负责并直接向股东会报告，董事会则可以精简，大大提高私募股权基金的运作效率。

根据《公司法》的相关规定，公司股东较少或规模较小时，可以不设董事会而设执行董事。执行董事的职责范围也可以依据《公司法》关于董事会的职权的规定进行调整，有关公司年度财务预算和决算方案、利润分配方案和弥补亏损方案、公司内部管理机构的设置以及聘任或者解聘公司经理及其报酬等事项可以归类为股东会的职责，有关公司其他具体投资决策等经营职权的可以归类为投资经理的职责。因此，公司制家族产业基金的董事会或执行董事主要可以承担审查性的职责，如聘用投资顾问公司、托管银行、会计师等。当然，这种扁平的管理模式主要适合于有限责任公司型的私募股权基金，而不适用于股份有限公司型的家族产业基金，当股东的人数增加时，治理架构也必将变化。

3. 公司制家族产业基金制度优劣分析

迄今为止，公司制是欧洲以及我国台湾地区的家族产业基金所主要采用的制度。家族产业基金20世纪40年代在美国诞生之初即采用公司制模式，而在70年代逐步转而采用有限合伙的模式，一个主要原因在于美国有限合伙制度解决了公司制的双重征税问题。但是，在欧洲以及中国台湾地区，公司制的家族产业基金都在不同程度上享受一些税收优惠政策，尤其对于创业投资基金而言。因此，如果排除税赋这一问题，公司制和有限合伙制的组织制度在目前中国的法律体制下各有特点，投资人可根据需要进行选择。

（1）公司制家族产业基金的制度优点。

第一，内部治理结构基于法定。公司股东、董事会、监事会、经理层之间的责权利配置及相互制衡往往通过立法来严格规定。如我国主要通过《公司法》《证券法》《中国上市公司治理准则》等法律规定来规范公司的内部治理。所以公司制家族产业基金的组织结构相对比较稳定和有章可循，借助法律可以形成一个比较完善的治理结构。而有限合伙则主要依据普通合伙人和有限合伙人的协议即"契约"规范各方的权利义务，因此，有限合伙的组织结构中内部治理相对差异性比较大。

第二，法定注册资本金制度使资金更稳定。公司制家族产业基金的注册资本金制度，特别是在欧洲大陆法系国家实行的法定资本金制度，给予公司制组织形式独立的法人财产权和稳定的资本形态，使之可以独立行使经济权利和承担经济义务。股东退出也只能通过转让其所持有的公司股份给其他投资人，而不能抽回投资或减少出资，所以公司独立的法人财产权并不因个别股东的退出而受到任何影响。因此，相对合伙型家族产业基金而言，公司制家族产业基金在法人财产权上更为牢固和稳定，有利于基金进行长远规划和投资。

第三，投资人仅在出资范围内承担有限责任。公司制家族产业基金的全体股东以其出资额为限承担有限责任，而有限合伙型家族产业基金的普通合伙人应承担无限责任，因此对于普通合伙人而言，公司制也是一个防范法律风险与责任的有效组织形式。

（2）公司制家族产业基金的劣势。

第一，闲置资本不能得到有效利用。法定资本制要求注册资本在公司设立时即要缴足，虽然我国《公司法》修订变更为折中资本制，但投资人的资金仍然需要在设立后2年内到位。法定资本制不仅可能导致资金闲置而且也可能导致投资人失去了与投资经营层博弈的空间和选择进一步出资的权利。

第二，对经理的激励机制不足。公司制家族产业基金比较难类同有限合伙型家族产业基金按照管理费或者业绩分红对经营管理层进行激励，主要原因在于，中国目前的公司制私募股权基金尚处在萌芽或发展期，未有公司制家族产业基金上市，股东往往兼任董事长或总经理，具体的业务并没有全部放手给职业经理人，故在激励机制上也无法做到大幅度地与国际接轨，也无法通过上市公司的股权激励制度保留人才，长此以往可能导致公司的优秀经理人流失。

第三，决策效率较低且存在代理风险。公司制家族产业基金根据《公司法》设置股东会、董事会和监事会，而由于家族产业基金的业务性质适合于以投资经理为核心圈的扁平型管理模式，多重机构的制衡和协调可能导致决策效率较低。而且，公司制存在双重委托代理机制，虽然内部治理结构有法律规定规范，但仍然存在代理风险。

第四，税赋成本仍然较高。公司制家族产业基金的双重征税成本仍然存在，虽然对于投资高科技企业的创业投资公司有可以抵扣所得税额的优惠制度，但是对于追求高成长高回报的家族产业基金来讲，高科技的领域是完全不够的，而投资其他领域的投资额则无法在应纳税所得额中进行抵扣。

案例：浙江天堂硅谷阳光创业投资（基金）有限公司

浙江天堂硅谷阳光创业投资（基金）有限公司（以下简称"阳光基金"）设立于2006年6月20日，是国内第一家规范的公司型创业投资基金。基金以公司制设立，注册资本2亿元，首期定向募集创业资本5000万元，委托浙江天堂硅谷创业集团有限公司（以下简称"天堂硅谷"）管理，并由浦发银行进行托管。阳光基金主要投向浙江省内的高新技术产业、知识经济企业、创业型企业以及一些新兴的业态，通过集合型投资、专家式管理、规范化运作来有效分散投资风险，实现资本的最大增值，切实保护投资者的利益。阳光基金的组织结构如图3-2所示。

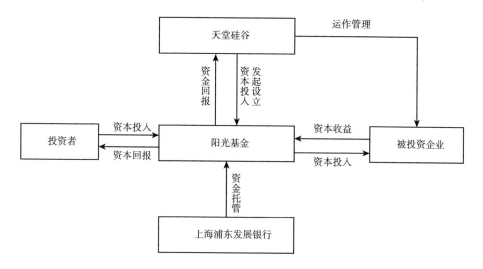

图3-2　阳光基金的组织结构

　　阳光基金在贯彻《创业投资企业管理暂行办法》基本精神的基础上，融合新公司法的有关规定，在创业资本的形成、组织架构、运作模式和退出方面进行了有益的探索和尝试。与国内过去通行的创业投资（基金）公司实行自聘经理班子管理模式相比，阳光基金依据《创业投资企业管理暂行办法》第六条"以公司形式设立的创业投资企业，可以委托其他创业投资企业、创业投资管理顾问企业作为管理顾问机构，负责其投资管理业务"的规定，率先实行了委托管理模式。

　　与直接投资于单个创业型企业相比，投资者通过购买阳光基金的基金份额择优选择、间接投资于多个创业型企业，有利于最大限度地防范投资风险。基金份额根据不同的风险偏好区分为优先股份额和普通股份额两种，投资者可根据自身实际需要进行选择认购，而且基金份额在申购、转让、退出方面都具有较强的流动性，也在一定程度上确保投资者及时规避投资风险。

　　阳光基金的管理人天堂硅谷特别承诺，其所持有的基金份额在担任管理人期间不转让，基金如遇清算，剩余的可分配财产清偿顺序为：先弥补其他投资者所持有的基金份额的亏损，最后弥补管理人持有的基金份额的亏损。此特别条款将其他投资者的利益放在公司管理人的利益之上，体现了公司管理人对受托管理广大投资者的公司资产的强大责任感。

除了政策面的监管之外，阳光基金还自发创造性地引入了"外部人"对自身进行更加严格的监督。在资产管理上采用托管银行制度，投资者所投入的资金作为基金资产独立存放于托管银行的账户中。2006年6月25日，阳光基金与浦发银行签订了《托管协议》。根据《托管协议》的约定，托管银行将对基金的投资对象、投资组合比例、净值核算、收益分配等行为的合法、合规性进行审查和监督。中介机构信息披露公开透明，公司自身、托管银行、会计师事务所、律师事务所都定期或不定期向投资者公开发布各项基金资产运作情况的书面报告，投资者可以随时上门查阅相关资料，也可以要求信函送达。

三、股东异质性与治理

在公司制基金中，股东异质性对基金治理可能产生重要影响，在我国，股东异质性主要体现为产权性质的差异。学者们分别从如下视角研究了产权性质对于治理的影响。

（1）资源理论视角。国有资本和民营资本原本只是不同产权性质的资本，不应存在显著的差别，但是，由于我国经济、金融市场的不完善会导致制度真空（Khanna and Palepu，2000），政府对经济与金融资源的配置仍发挥重要作用，政府的"父爱主义"使得国有企业可以获得更多的融资与发展机会。国有企业和非国有企业的资源获取能力有着明显差异。国有企业往往由中央或地方政府所控制经营，它们不仅在资源禀赋上有明显优势，而且能够轻易地以低于市场水平的利率获得银行贷款和财务资源（Luo et al.，2011），经营过程中很容易获得财政补贴、税收优惠等政策资源。由于制度原因和信息不对称，中国的银行对于非国有企业存在严重歧视（Gordon and Li，2003），造成非国有企业普遍存在融资难、融资贵等问题。相比其他参股股东，当民营企业中存在国有股东参股背书时，实际控制人对风险的承担能力更强（罗宏和秦际栋，2019）。

对于民营企业而言，与政府建立一定的关系有助于企业从政府、银行等层面获得更多的资源（杜颖洁和杜兴强，2013）。民营企业通过引入国有股权使得企业利益与国有股东利益捆绑在一起，出于对利益的诉求，国有股东能够为公司提供便利的社会资源（宋增基等，2014）。同时公司也很容易通过国有股东建立有效的政治关联从而企业更容易享受利率、税收等各种政策优惠。各级政府进行资源分配时，通常会倾斜于国有股权（张天华和张少华，2016）。当国有股权参股家族企业后，也将这种倾斜的资源带给家族企业（陆瑶等，2011；郝阳和龚六堂，2017）。

（2）代理问题视角。引入异质性股东，可以强化对于大股东监督。异质性股东会积极参与公司的治理，有利于降低企业的代理成本（郑志刚等，2013），减少控股股东的"掏空"行。单一地引入异质性股权对企业的影响作用有限，只有当异质性股权参与企业经营活动中时，才能真正对企业产生影响（刘运国等，2016；蔡贵龙等，2018）。

（3）信号传递视角。国有资本参股发挥了传递企业获得政府支持及企业实力信号的作用，会给民营企业起到制度层面的声誉担保作用（宋增基等，2014），企业有国有股东，表明企业的经济实力得到了社会和政府的一定认可，这使得企业在融资时，投融资双方的信息不对称问题有所缓解。也在一定程度上缓解了银行对民营企业的信贷歧视，进而可以降低企业的融资约束。

一方面，相对于经济发展水平好的地区，在经济发展水平较差的地区，政府在社会资源配置中的地位相对更高，民营企业更愿意寻求政治关联等方面的保护，此时非控股国有股权可以给民营企业带来更多的资金资源、政策资源等。例如，在制度环境差的地区，政治关联可以更好地帮助民营上市公司获得银行贷款。在制度环境较差的地区，一般经济发展水平更低，优质企业相对更少，在此背景下，国有资本参股能够更好地发挥信号传递的作用，使得被参股企业可以获得更多的融资（余明桂和潘红波，2008）。一旦制度环境得到了改善，外部资金提供者亦因此具有了更多的渠道去获取关于企业的相关信息，则政治关联所能带来的信号效应被削弱。与此同时，随着政府干预程度的下降，政治关联企业在获得银行贷款方面的优势亦将不再明显。因而，从此角度而言，制度环境越好，参股对于融资约束的影响越小。此外，在经济发达地区，金融业更为发达，公司和金融机构之间的信息不对称问题更小，国有资本参股的信号传递作用会更小。

另一方面，在制度环境好的地区，政府对企业经营的干预相对较少，减少了国有股权对企业的负面"政府干预效应"（陈建林，2015）。而在制度环境差的地区，其法律制度不健全，民营控股股东与国有股东不完全遵守法律和合约，在合作中产生矛盾和冲突的概率大大提高了，政府往往作为国有股权的股东对企业发号施令，干预企业的经营行为，这种"政治干预效应"会降低企业经营业绩，从而降低融资约束。制度环境越好，"政治干预效应"越轻，公司业绩越好，国资参股缓解民营企业融资约束的作用越强。

许宁（Xu Ning, 2021）运用多期倍分法考察国资参股对被参股民营企业的影响，结果显示，即使中东部经济较为发达，国资参股依然可以带动企业的融资约束水平显著下降。但是相较于东部地区，在中部地区和西部地区，国资参股带动企业融资约束下降的幅度更大，表明经济水平没有足够发达的情况下，国有资本参股的资源效应和信号传递效应更为显著。

第三节　信托制家族产业基金的设立及其治理机制

随着产业基金在中国的加速发展，以信托平台作为私募融资的途径越来越受到关注。2008 年 6 月 25 日，银监会印发的《信托公司私人股权投资信托业务操作指引》（下称《操作指引》）使信托公司进军私募股权投资领域有了明确的法律依据。家族产业基金信托，也就是私募股权投资信托，是指信托公司将信托计划项下资金投资于未上市企业股权、上市公司限售流通股或中国银监会批准可以投资的其他股权的信托业务。这实际上是一种通过信托模式募集资金对符合法定要求的企业进行股权投资和提供经营管理服务的利益共享、风险共担的集合投资制度，通过投资未上市企业的上市退出、资产重组或资本运作获取投资收益。家族产业基金信托作为一个全新的投资品种为投资者提供了新的投资渠道，为信托公司构建新的盈利模式提供了机会和挑战，但同时，也为当前与之相关配套的法律制度提出了新的课题。

基金信托是一种资金信托，按先"筹资"后"投资"的流程进行操作。《操作指引》第 21 条明确了信托公司是家族产业基金信托中的独一受托人："私募股权投资信托计划设立后，信托公司应亲自处理信托事务，独立自主进行投资决策和风险控制。信托文件事先有约定的，信托公司可以聘请第三方提供投资顾问服务，但投资顾问不得代为实施投资决策。信托公司应对投资顾问的管理团队基本情况和过往业绩等开展尽职调查，并在信托文件中载明。"

一、信托由来与用益物权制度

现代信托制度起源于 13 世纪英国的土地用益制度（Use），当时英国的封建领主通过土地控制加强自己的统治，农民为了逃避封建领主的土地控制，发展形成了土地用益制度。之后的 200 余年间，用益制度并不为普通法院所承认，受益人无法向普通法院主张自己的权利。直到 15 世纪遵从正义与良知原则的衡平法院的出现，才使得受益人权益得到衡平法的救济。然而，由于衡平法对土地用益制度的承认，通过用益制度来规避法律便具有了合法性，直接给王室和领主的利益造成了威胁。因此，1535 年亨利八世颁布了《用益法》，将受益人衡平法上的受益权转化为普通法上的所有权，从而剥夺了受托人在普通法上的权利。用益法原则上不承认用益权，但动产用益、积极用益以及双层用益是该法典适用的三个例外，其中，第二层用益即委托人将财产移转于某甲，并规定财产受某乙用益权所及，也即某乙是该财产受益人；同时，某乙的用益权也是委托人及其继承人用益权的客体，也即委托人及其继承人可从某乙的用益权获得的收益中获得收益。由于双层用益中的第二层用益不受普通法的保护，因此，衡平法院遂称"第二层用益"为"trust"即"信托"。此后又将所有不受用益法适用的"用益设计"统称为"trust"，而受用益法适用的"用益设计"成为"Uses"。至此，现代信托制度得以最终确立。之后，信托制度逐渐发展壮大，由英美法家庭财产管理和转移的设计，发展为渗入社会经济各个层面的财产价值实现和增值的制度机制。

由此可知，用益制度设计的最初目的就是为了规避关于土地所有权的法律规定，缓和土地之上产生的各种矛盾，所以信托财产的归属从其产生时起便带有了"原罪"，不可避免地与单一所有权的观念产生冲突。而英美法系国家以实用主义哲学为基础，并不强调概念的严谨与逻辑的周延，没有大陆法系国家绝对的单一所有权概念，又由于其普通法与衡平法对立的司法体制，信托财产的归属问题通过分割所有权得到了很好的解决。具体而言，信托财产所有权一分为二，由受托人享有普通法上的所有权（legal title），受托人成为信托财产名义上的所有权人，对信托财产拥有管理和处分的权利，却不享有收益权。而为了平衡受托人与受益人之间的利益，保障受益人的受益权，受益人同时享有衡平法上的所有权（equitable title），受益人是信托财产的实质所有权人，仅享有信托财产的收益权。英美法系国家中的信托财产虽然有"双重所有权"的归属，但其中信托财产的最初来源者——委托人不享有所有权，信托关系的设立也以委托人财产转移为要件。大陆法系大部分国家与英美法系国家在这一点上的认识相同，只是所有权移转之后具体的归属设计相异。

二、信托财产归属的相关理论

(一) 英美法系的"双重所有权说"

严格来说，英美法中并没有所有权的概念，其"所有权"称为"财产权"，它不具有大陆法系所有权的绝对性和支配性的特征，只是一系列具体权利、义务的随意组合，可以说就是一个个权利束，因此，"衡平法上的所有权"和"普通法上的所有权"各自都是一个具体权利、义务的组合。为了不同法系信托制度比较的便利，称所有权。

(二) 大陆法系的"单一所有权说"

(1) 债权说。主张受托人对信托财产享有所有权，将受益人的受益权视为对受托人的债权，受益人基于债权请求权得以请求受托人交付信托收益。日本、韩国、我国台湾地区的立法和主流学说采取了这一理论。

(2) 代理权说。持这种观点的主要是德国学者，他们认为受益人享有信托财产所有权，受托人只享有代理权。

(3) 他物权说。主张受托人享有信托财产所有权，受益人享有信托财产的他物权。

三、信托制家族产业基金的设立

1. 信托制基金设立的流程

信托制家族产业基金设立的流程如下。

(1) 信托公司作为受托人，根据信托合同通过信托平台募集资金和设立基金，发行基金凭证；

(2) 投资人作为委托人，购买基金凭证，将财产委托给受托人管理，信托合同一经签订后，基金财产的所有权和经营权随即全部转移给受托人；

(3) 基金保管人（往往是第三方监管银行）对基金财产行使保管权和监督权，并办理投资运作的具体清算交收业务；

(4) 受托人以自己的名义管理基金财产，在发掘投资目标后，向受资公司进行投资，通过受资公司上市或资产并购受益，投资成果的分配依信托合同的约定进行；

（5）受托人聘请投资顾问就筛选项目、项目投资决策提供专业咨询意见；

（6）项目退出后，信托受益人（委托人）根据信托合同享受信托收益或承担风险。

2. 信托制家族产业基金的主体

（1）信托基金的委托人。根据《信托公司集合资金信托计划管理办法》第5条的规定，参与信托计划的委托人为唯一受益人。因此，投资人既是信托委托人，又是信托受益人。作为受益人，信托委托人享有信托受益权。受益人享有信托受益权包括放弃和转让信托受益权的权利，并且受益人的信托受益权可以依法转让和继承。信托基金委托人的权利包括以下四种。

第一，知情权，即委托人有权了解其信托财产的管理运用、处分及收支情况。

第二，变更信托财产管理方法权，即委托人有权要求受托人调整该信托财产的管理方法。

第三，撤销权、恢复原状请求权和赔偿损失请求权，即受托人违反信托目的处分信托财产或者因违背管理职责、处理信托事务不当致使信托财产受到损失的，委托人有权申请人民法院撤销该处分行为，并有权要求受托人恢复信托财产的原状或者予以赔偿。

第四，解任受托人权，即受托人违反信托目的处分信托财产或者管理运用、处分信托财产有重大过失的，委托人有权依照信托文件的规定解任受托人，或者申请人民法院解任受托人。信托基金委托人的义务包括：保证信托财产合法性的义务；不损害债权人利益的义务，即委托人设立信托不得损害其债权人利益。

·（2）信托基金的受托人。信托公司作为受托人既是资金募集人，又是投资管理人，在不同时期扮演不同的角色。这对信托公司自身的资源积累、人员配备有较高的要求，不仅在发行渠道上需要与金融机构展开合作，而且需要项目资源以及对项目风险评估和投资后对项目管理的能力。根据《操作指引》第3条的规定，信托公司从事私人股权投资信托业务，应当符合一定的条件，即：

第一，具有完善的公司治理结构；

第二，具有完善的内部控制制度和风险管理制度；

第三，为股权投资信托业务配备与业务相适应的信托经理及相关工作人员，负责股权投资信托的人员达到 5 人以上，其中至少 3 名具备 2 年以上股权投资或相关业务经验；

第四，固有资产状况和流动性良好，符合监管要求；

第五，中国银监会规定的其他条件。

根据我国相关法律规定，信托受托人的权利包括取得报酬权和优先受偿权。优先受偿是指受托人因处理信托事务所支出的费用、对第三人所负债务，以信托财产承担，受托人以其固有财产先行支付的，对信托财产享有优先受偿的权利。信托受托人的义务包括以下三种。

第一，守信义务：受托人应当遵守信托文件的规定，为受益人的最大利益处理信托事务。受托人除依照信托文件的规定取得报酬外，不得利用信托财产为自己谋取利益。

第二，善管义务和忠实义务：受托人管理信托财产，必须恪尽职守，履行诚实、信用、谨慎、有效管理的义务。

第三，信托利益给付义务：受托人有义务依信托条款以信托财产为限向受益人承担支付信托利益的义务。

（3）投资顾问。《操作指引》第 21 条规定："信托文件事先有约定的，信托公司可以聘请第三方提供投资顾问服务，但投资顾问不得代为实施投资决策。信托公司应对投资顾问的管理团队基本情况和过往业绩等开展尽职调查，并在信托文件中载明。"

由于私募股权信托对信托公司的投资理财要求比较高，越来越多的信托公司尝试与专业私募股权投资公司合作，在项目选择、投资以及投资后管理方面寻求专业私募股权投资公司的支持和帮助。《操作指引》不仅明确了该等专业私募股权投资公司的身份，也明确了该等专业私募股权投资公司的职责范围，即该等专业私募股权投资公司是家族产业基金信托中受托人的"投资顾问"，而非信托关系中的一方主体，仅可提供顾问服务，不得代为实施投资决策。但信托公司应对投资顾问的管理团队基本情况和过往业绩等开展尽职调查，并在信托文件中载明。如中信信托于 2007 年 9 月推出的"锦绣二号"信托计划引入中信锦绣资本管理有限责任公司作为"管理人"，明确写入信托计划。该信托产品推出之初，中信锦绣资本管理有限责任公司作为"管理人"是否是信托产品的一方当事人，是否是信托合同中的受托人曾引发争论。《操作指引》的出台解决了该争议，"锦绣二号"信托计划中的"管理人"只能作为投资顾问，而不能与信托公司一同作为信托计划的受托人。《操作指引》第22条还对投资顾问的资格作了限定，根据该规定投资顾问应满足以下条件：持有不低于该信托计划10%的信托单位；实收资本不低于2000万元人民币；有固定的营业场所和与业务相适应的软硬件设施；有健全的内部管理制度和投资立项、尽职调查及决策流程；投资顾问团队主要成员股权投资业务从业经验不少于3年，业绩记录良好；无不良从业记录；中国银监会规定的其他条件。

《信托公司集合资金信托计划管理办法》第19条规定："信托计划的资金实行保管制。对非现金类的信托财产，信托当事人可约定实行第三方保管，但中国银行业监督管理委员会另有规定的，从其规定。信托计划存续期间，信托公司应当选择经营稳健的商业银行担任保管人。信托财产的保管账户和信托财产专户应当为同一账户。信托公司依信托计划文件约定需要运用信托资金时，应当向保管人书面提供信托合同复印件及资金用途说明。"因此，选择保管人是信托制家族产业基金设立所必须满足的条件之一。

四、信托制家族产业基金的特征

在本书第二章中对信托制家族产业基金的特征作了简要介绍，这里将对其特征作更为详细的分析。其主要特征如下。

1. 信托财产独立性

在信托关系中，基于信托财产的隔离制度，信托财产的运作不受信托当事人经营状况和债权债务关系的影响。信托关系建立后，信托财产独立于委托人、受益人的财产，《操作指引》第11条已明确规定："信托公司应当以自己的名义，按照信托文件约定亲自行使信托计划项下被投资企业的相关股东权利，不受委托人、受益人干预。"也由于信托财产的独立性，投资人债权人也无法通过法律途径对投资人的信托财产实施查封等法律限制措施。同时，信托财产独立于信托公司的财产。《信托公司集合资金信托计划管理办法》第3条规定："信托计划财产独立于信托公司的固有财产，信托公司不得将信托计划财产归入其固有财产；信托公司因信托计划财产的管理、运用或者其他情形而取得的财产和收益，归入信托计划财产；信托公司因依法解散、被依法撤销或者被依法宣告破产等原因进行清算的，信托计划财产不属于其清算财产。"由于信托财产具有独立的法律地位，这使信托能够在封闭的安全环境内不受干预地灵活运用，从而最大限度地实现财富的流转和增值。因此，在私募股权基金信托中，信托财产具有比公司制和合伙制家族产业基金更高的独立性，对于投资人而言具有更强的安全性。

2. 信托资金一次到位

集合资金信托要求所募集的投资人资金先到位，在全部募集到位后，受托人方可进行其后的投资和运营。因此，投资人无法分期出资。而公司制私募股权基金可以根据《公司法》的规定，设立时缴足注册资本金的20%并达到法定最低限额即可，其余在2年内逐步到位，如果是投资公司可以在5年内缴足。而合伙型家族产业基金则根本无任何法律规定，完全可以根据合伙人的约定执行。对于投资管理人和足额出资的出资人而言，后两种方式将存在后期资金不到位而遭受损失的风险。

3. 投资人退出受限

股权投资的盈利模式决定了股权投资长期性和不确定性，因此，通常应根据所投资对象的特性设置一定的封闭期，保证投资计划不会因为部分投资者的赎回影响整个投资计划的利益最大化。

4. 非法人的组织形式

信托不具备法人资格，实质上只是一种契约式法律关系，利用这种契约关系将各方联系在一起，无须注册公司，有法律地位却无实际主体，从而免除大量独占性不动产、动产和人员投入，交易及运营成本比较低廉。

5. 一定的治理结构

信托不具备法人资格，但却有一定的治理结构和内部控制机制。《信托法》对信托委托人和受托人的权利义务均作了具体的规定。为保障投资者的合法权益，家族产业基金信托引入了受益人大会制度，受益人大会是信托的权力机构，由信托计划的全体受益人组成，用以规范信托基金财产的管理和运作，建立严密的风险内控制度。信托设立时通常还在信托公司内部组成相应的投资决策委员会，作为信托的决策机构。受益人大会和投资决策委员会都有严格的议事和表决程序，类似公司股东会和董事会。

6. 避免双重征税

信托受托人被认为对信托收益仅享有名义上而不是事实上的所有权，且信托也不被认为属于一种经营组织，信托作为一种法律关系通常不被视为法律主体，而是被当作一种财产流动的管道，因此，信托本身不构成应税实体。信托收益可以不征税，只有当受益人取得信托收益时，才需要就此缴纳个人所得税或企业所得税。就这点而言，采用信托制的家族产业基金类似于合伙制，可以避免公司制家族产业基金的双重征税问题。

7. 严格的受信制度

家族产业基金信托作为一种集合资金信托，受到银监会、行业协会等机构的监督管理。信托财产必须委托经营稳健的商业银行作为第三方保管银行，并根据信托合同规定的资金用途向第三方保管行申请资金使用。与此同时，信托公司本身也担任投资管理人，其内部专业人士必须在资金投资和运营中已积累了丰富的经验和业绩，因此，从谨慎、尽职管理信托财产（如合理投资、注意风险、减少费用）的角度考虑，有着更为可信的基础。就这点而言，信托公司所具备的健全组织机构和内控制度及其严格的受信制度在很大程度上保障了受益人的利益。一方面，信托架构中可设定委托人、受托人和保管人三者分离的制度安排，受托人可以发出指令对资金加以运用，但必须符合信托文件的约定，否则保管人有权拒绝对资金的任何调动。另一方面，没有受托人的专门指令，保管人无权动用资金。此种制度安排可以提高资金安全性，有效防范受托人道德风险。

五、信托制家族产业基金的治理机制

信托制家族产业基金对于基金管理者的约束与限制是较差的。在信托基金治理机制下，基金管理者的责任是有限的，不需要对基金的经营承担无限责任。信托基金管理者按约定收取经营管理基金的费用，只有存在过失导致基金亏损的情况下才负有责任，一般情况下基金经营亏损不需要承担责任。在信托关系中，投资者在将基金交由作为受托人的信托公司保管后，便丧失对资金的支配权，而基金管理者全权负责基金的经营管理，投资者无权直接干预经营活动，只能通过银行等金融机构作为保管人对基金财产进行保管，这只是一种有限的约束。但与有限合伙制一样，信托制基金同样可以通过信托合同规定基金经营的年限、投资者分阶段投入资金及强制分配利润等，从而保障了投资者的利润，降低了代理成本。

在运作成本方面，某些鼓励信托制基金投资的国家和地区一般都给予基金或基金的投资者一定税收优惠。在日常开销方面，信托制投资基金采取收取一定的管理费的方式，这在一定程度上也能够有效地控制基金的日常开销，所以信托制家族产业基金在运作成本方面优于公司制。从激励机制方面来看，传统的信托投资中，委托人仅向受托人支付一定数额的固定劳务报酬，而且受托人只收取固定的劳务报酬而没有分红也是信托基金的主要特点。当然，在合同自由的原则下，只要法律没有明文禁止，投资者也可以与信托公司约定分配一定的利润作为经营基金的报酬，从而增加基金管理者的积极性。

信托是一种以信任为基础的法律关系。信托人将信托财产转移给受托人，受托人作为财产所有人管理或处分信托财产，但这种管理或处分所产生的利益归属于受益人。信托制家族产业基金正是采取这种特殊的模式来对基金进行管理、处分、分配收益。信托制本身的特殊性决定了其内部治理结构的特殊性。

1. 以受托人为核心的信托合同架构

信托关系中，受托人即信托公司是核心的法律主体，其与其他各方签署合同。受托人与委托人、咨询顾问、托管银行以及被投资企业等共同构成信托的合同架构。

信托公司作为受托人，既是资金募集人又是投资管理人。投资人既是委托人，又是受益人。委托人和受托人之间签署《信托合同》。受托人接受委托人的委托，按相关法律规定和信托计划管理集合资金，向未上市公司的股权进行投资并退出，最终向委托人分配收益，受托人对委托人提供的是投资管理服务。委托人向受托人要承担支付投资管理费的义务。

2. 受托人与投资顾问

信托公司可以聘请第三方提供投资顾问服务，鉴于家族产业基金对信托公司的投资管理的专业要求比较高，诸多信托公司选择聘请专业私募股权基金或券商，在项目选择、投资以及投资后管理方面寻求专业支持和帮助。信托公司与专业第三方签署《投资顾问合同》，根据《投资顾问合同》，信托公司作为委托人，向专业第三方支付投资顾问的服务费用，一般按投资收益的比例提取，专业第三方作为受托人应承担诚信和善管的义务。

3. 受托人与基金保管人

信托计划存续期间，信托公司应当选择经营稳健的商业银行担任保管人，只有受托人提交符合信托合同的投资计划申请，商业银行方可允许拨付资金，基金保管人承担对信托资金保管、监督和检查的义务。因此，受托人与基金保管人之间应签署《资金保管合同》。例如，在"锦绣一号"信托计划以及随后的"锦绣二号"信托计划中，中信银行股份有限公司是资金的第三方保管银行。基金保管人的主要职责可以明确为以下内容。

（1）保管基金。包括：安全保管现金；保证账实相符；资产受到侵害时，代为追偿。

（2）执行基金管理人的投资指令，办理基金名下的资金往来。

（3）监督基金管理人的投资运作。如果基金管理人违法违规，保管人应通知其纠正。基金保管人如果发现基金管理人投资指令不符合规定但仍然执行，则要承担相应的责任。

（4）复核、审查基金管理人计算的基金资产净值。

4. 受托人与被投资企业

在受托人经过筛选确定好投资项目之后，受托人与被投资企业的原股东就会签署《股权转让合同》或《增资合同》，以取得被投资企业的部分股权和权益。受托人虽然不是法人实体，但有独立的财产和管理机构，具有签署和履行投资合同的民事资格与行为能力。

六、信托制家族产业基金的权力机构

1. 受益人大会制度

受益人大会由全体信托基金的受益人组成。《信托公司集合资金信托计划管理办法》第42条规定，出现以下事项而信托计划文件未有事先约定的，应当召开受益人大会审议决定：（1）提前终止信托合同或者延长信托期限；（2）改变信托财产运用方式；（3）更换受托人；（4）提高受托人的报酬标准；（5）信托计划文件约定需要召开受益人大会的其他事项。

每一信托单位具有一票表决权，受益人可以委托代理人出席受益人大会并行使表决权。受益人大会应当有代表50%以上信托单位的受益人参加，方可召开；大会就审议事项作出决定，应当经参加大会的受益人所持表决权的2/3以上通过；但更换受托人、改变信托财产运用方式、提前终止信托合同，应当经参加大会的受益人全体通过。受益人大会决定的事项，应当及时通知相关当事人，并向中国银行业监督管理委员会报告。信托计划可以根据需要设立理事会，由认购金额比较高的投资人组成，负责受益人大会的事务工作。

2. 信托基金决策委员会

受托人决策委员会是私人股权投资信托的最高决策机构，通过定期或不定期会议的形式讨论和决定投资的重大问题。投资顾问寻找的项目在经过立项、尽职调查、初审、商务谈判等程序后，须提交投资决策委员会表决，按规定的程序表决通过后，方可以投资。投资决策委员会不是法定要求的必须设立的机构，故其组成也各不相同，一般以投资顾问委派人员为主，信托公司委派人员为辅。

由此可见，受益人大会并不能就涉及项目筛选和投资决策的问题行使权利，仅就涉及变更全体受益人的事件有权行使表决权，而对于信托基金的日常运作则是由决策委员会行使投资管理中的重大决策权。对于不设立决策委员会的信托计划，通常也需要信托公司确定项目投资内部决策的机制，这通常适用于信托公司本身具有比较专业的投资团队的情形。

七、信托制家族产业基金的制度缺失

1. 投资顾问的尴尬地位

从目前已成立的股权投资类信托计划看，投资顾问权限很大，信托公司的角色相对被动，这主要是由于信托公司专长在筹资或单个项目的融资计划，但对于私募股权投资却需要借助专业私募股权机构的力量。《操作指引》第 22 条明确规定信托公司应独立进行投资决策和风险控制，投资顾问的角色定位在提供咨询服务上，不仅没有决策权，甚至不得代为实施投资决策，这些规定估计实施起来难度较大，与现实情况也不符。大部分信托计划在引入投资顾问时，其角色已相当于普通合伙人。而且也通常是投资顾问作为信托计划的实际幕后发起人，通过信托平台进行募集资金和运作基金，取得类似普通合伙人的收益。但是受限于上述《操作指引》以及我们信托制度的限制，其法律地位相当模糊。

信托制度在中国发展时间还不长，而股权投资对于信托公司来说更是崭新的业务，信托公司虽擅长募集资金，但目前尚难以独立开展股权投资业务。就信托制度本身而言，信托公司作为信托的受托人本身应当具有相应的投资能力，而且《操作指引》第 3 条第 3 款已明确规定信托公司从事私募股权投资信托业务的应"为股权投资信托业务配备与业务相适应的信托经理及相关工作人员，负责股权投资信托的人员达到 5 人以上，其中至少 3 名具备 2 年以上股权投资或相关业务经验"。

《操作指引》客观上要求信托公司从募集资金的专业实力向投资实力进行扩展，以此弥补信托公司股权投资能力的缺陷，同时也通过参与投资来激励投资顾问提供更好的咨询服务。但是投资顾问仅仅定位在投资顾问咨询服务上而非投资决策上，显然没有考虑目前中国信托公司缺少直投部门和团队的现况。因此，投资顾问仅作为信托公司的受托人而非作为投资人的受托人，被排除在信托计划当事人范围之外，其本应对投资人承担的诚信和善管义务也就相应无法被约束，也无须承担类同普通合伙人一样的无限连带责任，这不能不说是责权利制度上的失衡和缺憾。

2. 对受托人的诚信风险控制有限

同样，信托公司作为信托财产的管理人，也不像有限合伙架构中作为普通合伙人那样对合伙企业的债务承担无限连带责任，而只是在有过错（如违反相关法律法规及信托合同）时对公司的亏损与债务承担有限的责任，但是对于一般情况下基金投资的亏损无须承担责任。因此，信托关系项下对于信托公司的约束也只能是停留在表面上。但是，从目前私募股权信托计划的激励制度上来看，信托公司或投资顾问基本都采用了类同有限合伙企业中普通合伙人式的根据投资收益的比例进行奖励的收益方式，这显然也存在责、权、利安排的失衡和缺憾。

3. 缺乏有效登记、公示制度

信托登记制度针对的是信托的公示，也即信托财产权利构造的公示。通过登记公示，可使信托财产产权明晰化，确认信托的正式生效与成立，以此为基础明确信托法律关系及各方当事人权利义务，使信托关系保持稳固，保证交易的公平和安全，有利于保护交易相对人的利益，为交易相对人的行为指示了安全的范围，确保交易安全。同时，家族产业基金信托与金融安全和社会秩序的稳定有密切的联系，登记公示还有利于行政机关的监督、管理。

《信托公司管理办法》第 27 条规定："信托公司对委托人、受益人以及所处理信托事务的情况和资料负有依法保密的义务，但法律法规另有规定或者信托文件另有约定的除外"。因此，信托往往意味着信托公司作为受托人不得披露委托人的身份，无须进行信托公示或信托登记程序。但从法律角度讲，缺少信托登记环节，信托关系中的财产权无法完全按照信托制度的规定进行所有权的名义转移和确认，各方当事人的权益就无法得到完全意义上的保障。

更为重要的是，由于信托缺乏登记和公示程序，其委托人的主体身份不能确定，导致含有信托权益的公司进行 IPO 时受到阻碍。按照证监会的要求，企业必须披露实际股权持有人，防止关联持股等问题，而信托公司持股是基于投资人的委托，通常认为在被投资企业层面股东关系等方面无法确认。由于证监会目前并不认可信托公司作为企业上市的发起人股东，这就意味着私募股权投资信托业务将来都会面临着如何退出的问题，比如中国太保（601601. SH）上市前，众多信托公司就将其所持股份进行了转让或者以自有资金购买，收益明显低于上市后卖出的收益。

《操作指引》第 15 条规定："信托公司在管理私人股权投资信托计划时，可以通过股权上市、协议转让、被投资企业回购、股权分配等方式，实现投资退出。通过股权上市方式退出的，应符合相关监管部门的有关规定。"在私募股权投资信托的退出方式上，公开发行上市是目前退出的最优选择。事实上在国外 IPO 中保留信托架构是合法允许的，但必须进行披露。因此，需要对我国《信托公司管理办法》第 27 条给信托公司的保密义务予以新的诠释。保密的义务并不是绝对的，保密的范围也应该是有界限的。如涉及 IPO 需要披露委托人及受益人时应给予披露。因此，实施信托登记和公示程序，妥善解决信托权益直接进行 IPO 的问题，将直接关系到信托制私募股权信托健康发展。

上海信托登记中心是我国首家信托登记机构。2006 年 6 月 21 日，上海信托登记中心在浦东正式挂牌成立。2007 年 4 月，由上海国际信托、中诚信托、华宝信托、中海信托等单位理事组成的上海信托登记中心理事会在上海宣布成立，这标志着全国唯一一家信托登记中心正式开始运营。然而，信托登记的程序与法律效力还需要得到包括银监会、证监会等部门的认可，登记的事项要求也有待细化和明确。如今很多信托类银行理财产品存在潜在违规风险。目前多数信托计划为推介股权投资项目，大多与银行理财产品捆绑，在一定形式上突破了投资人人数的限制，同时也降低了投资门槛。

无论从理财产品资金的来源还是从资金未来投资风险的承受能力来看，银行仅仅是集合资金的代表，真正的委托人应该是理财产品的投资人，这些投资人作为真实的集合资金信托的"委托人"应该符合《信托公司集合资金信托计划管理办法》（以下简称《管理办法》）有关规定，尤其是该办法第 5 条强调了委托人应该是"合格投资者"，合格投资者是指符合《管理办法》第 6 条所规定的以下条件之一，能够识别、判断和承担信托计划相应风险的，即如下主体。

（1）投资一个信托计划的最低金额不少于 100 万元人民币的自然人、法人或者依法成立的其他组织；

（2）个人或家庭金融资产总计在其认购时超过 100 万元人民币，且能提供相关财产证明的自然人；

（3）个人收入在最近 3 年内每年收入超过 20 万元人民币或者夫妻双方合计收入在最近 3 年内每年收入超过 30 万元人民币，且能提供相关收入证明的自然人。

从银行发售的理财产品环节来看，银行对投资人并未严格关注前述条件，尤其是未在有关理财产品销售宣传文件或产品说明书中作出明确的规定。

另外，集合资金信托可能存在违反单个信托计划自然人人数的限制。《管理办法》第 5 条规定，信托公司设立集合资金信托计划应该符合"单个信托计划的自然人人数不得超过 50 人"的规定。但是从银行在信托贷款类理财产品的发售实践来看，很少有银行考虑前述规定，理财产品的自然人人数往往都大大超出 50 人的限制。这些都为银行与信托公司合作设立集合资金信托的合规性留下了违规风险问题。

信托类银行理财产品目前的潜在违规风险，从根本上说是中国金融体系经过历史演化形成的特殊分业格局所造成的。信托类银行理财产品发售前都已经报银监会批准，因此信托产品得以借道银行理财产品来突破法律法规的限制——这样的冲突只能通过监管机构内部的调整来解决。为此，银行、信托公司应积极推进监管机构适当调整，为银行作为代理人筹集资金设立资金信托给予适当空间和合法地位，同时要对此类信托投资给予严格的限制。

八、我国信托法与民法典

我国信托法所称信托包括公益信托、商业信托和非商业私益信托三种。其中，民事信托是信托的最初表现形式，也是极具生命力的信托形式。对亲友的关爱是人的一生中最难以割舍的情结，有着悠久的尊老爱幼传统和浓厚的宗法情节的中国人更甚。人们不论是在生前还是死后，都希望自己的亲人有良好的生活状态，过上幸福的生活。但这些愿望仅通过传统的继承方式难以实现，继承仅在被继承人死亡时方可发生，而人们对亲人的关爱则是终其一生而后了，因此，在人们的有生之年如何安排亲人的生活则不是继承、监护等制度所能解决的。如果通过信托则可解决类似问题，一方面，受益人生活会有保障；另一方面，还可督促受益人改邪归正，学会生活自立，同时还可避免受益人等委托人死亡后获得财产的侥幸心理。因此，在有些情况下信托较之现有的其他民事制度更有利于实现委托人的良好愿望。

信托法毫无疑问属于民事特别法，在意思自治、私权保护和个人责任上和民法一脉相承，信托法只是在民事关系、民事权利、民事主体和组织、民事救济等方面展现了一些特殊性而已。民法典作为民事基本法，可以是一部"纯粹"的民法，没有必要过多规定如信托法这样具体而特别的制度。但民法典作为开放的体系，在继承编重复了信托法上关于遗嘱信托的规定。

（1）域外处理信托制度与民法典关系的模式。由于英美法系的法律制度是通过判例和习惯为主构建起来的，因而没有民法典，也就不存在民法典与信托之关系问题。值得一提的是，在英美法系也制定了许多专门关于信托方面的成文法。大陆法国家引进现代英美信托制度则要考虑其与民法典的关系问题。从目前情况来看，这些国家和地区在处理信托制度与民法典关系问题上有两种模式：一是将信托制度作为民事领域的一项特殊制度，用特别法的方式进行规定，具有代表性的是日本和韩国的"日韩模式"；二是将信托制度纳入民法典，具有代表性的是魁北克和埃塞俄比亚的"魁北克和埃塞俄比亚模式"，在韩国和日本，一方面由于民法典早已存在，又没有重新修订民法典的计划，另一方面学者们虽对信托实质进行了"物权——债权"模式的"改造"，但由于其信托主要用于商事领域，因而只能以民法的特别法方式加以规定。在颁布《信托法》的同时，还颁布《信托业法》，适应商业领域的要求。而 1960 年《埃塞俄比亚民法典》和 1994 年重新修订的《魁北克民法典》则将信托纳入其中。在《埃塞俄比亚民法典》中，将信托置于第一编人第三题社团和财团第三章财团的第三节中，用一节29 个条文加以规定①；而《魁北克民法典》则在第四编第六题、第二章中用一章五节 39 个条文对信托进行了规定。这两部法典有一个共同的做法，即将信托作为一个自主的实体，但同时规定受托人对构成信托标的的财产享有所有人的权利。

----

① 埃塞俄比亚民法典［M］. 薛军，译. 厦门：厦门大学出版社，2013.

（2）我国的选择及信托在民法典中的地位。我国在处理信托制度与民法典关系的模式选择问题上，目前学者们的一般看法是不宜将信托制度纳入民法典。究其原因，主要是认为信托制度是英美法的传统制度，其承认"双重所有权"与我国适行的大陆法"一物一权"原则矛盾，若将其纳入民法典将导致民法典理论体系的自相矛盾，因而以特别法的方式规定较为合适（刘仲平，2016）。

案例：渤海产业投资基金

渤海产业投资基金于2006年12月在天津成立，是我国第一只在境内发行以人民币募集设立的产业投资基金。基金以信托制形式设立，存续期15年。基金首期资产委托渤海产业基金管理公司管理，委托交通银行托管。按照信托制基金的相关法律规定，渤海产业投资基金不设董事会，基金持有人大会是最高权力机构。作为资产管理方的渤海产业投资基金管理公司注册资本为2亿元，其中中银国际控股公司占48%的股份，天津泰达投资控股有限公司占22%，六家基金持有人（人寿集团和人寿股份合并计算）各占5%。

渤海产业投资基金投资方式以股权投资为主，包括购买普通股、优先股、可转换优先股、可转换债券等；非股权投资按照有关规定购买政府债券、金融债券和其他固定收益债券等。投资金额在某一特定行业不得超过基金资产的25%，投资某一特定公司不得超过基金资产的20%。渤海产业投资基金管理公司在被投资企业中的股权比例应控制在10%~49%，对单一企业的投资期限为3~7年为宜。在投资方向上，渤海产业投资基金重点投资于处于初创期后期以及扩张期阶段的民营企业、高科技企业、新兴产业。作为区域性投资基金，重点支持滨海新区和天津产业发展，促进产业结构调整。

渤海产业投资基金的出资人包括全国社会保障基金理事会、国家开发银行、国家邮政储汇局、天津市津能投资公司、中银集团投资有限公司、中国人寿保险（集团）公司、中国人寿保险股份有限公司，以及同时挂牌成立的渤海产业投资基金管理公司。其中，全国社保基金等前五家出资人各出资10亿元，人寿集团和人寿股份共出资10亿元，渤海产业基金管理公司出资8000万元。渤海产业基金总规模200亿元，首期获得注资60亿元。渤海产业投资基金的组织结构如图3-3所示。

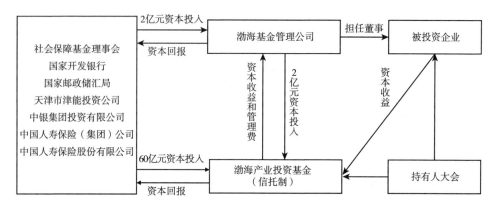

图 3-3 渤海产业投资基金组织结构

从渤海产业投资基金的组织结构图可以看出，几家投资者既是渤海产业投资基金的投资者又是渤海基金管理公司的股东。几家投资者通过信托组织机制组成渤海基金，又由中银牵头成立公司制的渤海基金管理公司，由其负责基金的管理运作，这相当于基金在管理层面上又引入了公司模式。引入公司模式是由于该基金缺乏公募基金的流动性，各方投资人从投资风险考虑，均有参与基金管理的意愿，因此，在中银国际以大股东身份组建渤海基金管理公司时，其他几家机构为了能在基金投资决策时有一定的发言权，也各自以 5% 的小比例参股基金管理公司。另外，渤海基金管理公司又以投资者身份投资 8000 万元到渤海基金，这又是引入了有限合伙制的模式，基金管理公司不仅是基金的管理者也是基金的出资者。因此，渤海产业投资基金虽然是信托制的基金，但是在其组织结构上又引入了公司制和有限合伙制的模式，而不是单纯的信托制基金。

第四节　有限合伙制家族产业基金及其治理机制

2007 年 6 月 26 日，深圳市南海成长创业投资合伙企业正式宣告成立，这是新《合伙企业法》正式实施以后我国首家有限合伙制家族产业基金。新《合伙企业法》的制定出台，将会极大地推动我国家族产业基金的发展。

一、有限合伙协议的核心条款

有限合伙企业协议包含众多内容，在使用英美法系的国家，一个有限合伙基金募集成功之后，需要签署的有限合伙企业协议经常长达上百页，作为有限合伙人和普通合伙人之间的最根本准则，二者的权利和义务基本上通过协议方式进行约定。

中国《合伙企业法》明确了合伙协议的内容，主要包括：合伙企业的名称和主要经营场所的地点；合伙目的和合伙经营的范围；合伙人的姓名或者名称、住所；合伙人的出资方式、数额和缴付期限；利润分配、亏损分担方式；合伙事务的执行；入伙与退伙；争议解决办法；合伙企业的解散与清算；违约责任。《合伙企业法》第63条规定，有限合伙协议除了普通合伙协议规定的内容之外，还应当写明普通合伙人及有限合伙人的姓名或者名称、住所，以及选择执行事务合伙人应该具备的条件和选择程序，执行事务合伙人权限与违约处理办法，执行事物合伙人的除名条件以及更换程序，有限合伙人入伙、退伙的条件、程序和责任情况，有限合伙人和普通合伙人相互转换的程序。在有限合伙协议的核心条款中，还包含着出资条件、经营/投资范围、运营成本、利润分配以及普通合伙人的约束条件等内容。

1. 出资条款

有限合伙制的家族产业基金采取的是承诺出资制，基金的出资不需要一次性到位，而是根据普通合伙人的通知，资金逐步投资到位，出资方式、出资时间以及若未按照条款出资而产生的违约责任是有限合伙协议的重要部分。

2. 出资方式

根据《合伙企业法》的规定，合伙人可以用货币、实物、知识产权、土地使用权或者其他财产权利作价出资，而不得以劳务出资。有限合伙人可以用货币、实物、知识产权、土地使用权或者其他财产权利作价出资，不得以劳务出资。普通合伙人可以以劳务出资。

3. 出资期限

根据有限合伙协议的规定，投资人可以分批缴纳出资，第一次出资一般在签署协议时进行，比例为10%～20%，以后的出资由普通合伙人通知有限合伙人后，再逐步出资到位。根据家族产业基金存续时间不同，出资期限也不尽相同，存续期在7～9年的，出资期限在最初的2～3年，出资期限与家族产业基金的投资期限相匹配，每确定一个投资项目，就会触发一次缴付出资的要求，如果基金全部投资完毕，则进入投资回收期。

4. 出资违约责任

如前所述，家族产业基金一般采取有限合伙制，由于基金的出资并非一次性到位，所以存在资金未按时到位的情形。如果资金未能按时到位，往往会对产业基金造成重大影响，因此，有限合伙企业明确了未能按期出资的违约责任。

一般来说，到期而没有出资到位的合伙人承担违约责任的方式有以下三种。

（1）丧失对合伙企业中应由所有合伙人共同表决的事项的表决权；

（2）取消对未来投资项目投资收益的权利，应缴未缴的出资以及后续出资额在守约合伙人之间按违约时的出资比例分配，或接纳新的有限合伙人履行违约合伙人的后续出资承诺；

（3）已经投出的资金若取得投资收益，只能在利润分配时分得部分份额，比如在协议中约定违约合伙人仅能分配已出资金额对应投资权益的50%，其余50%由各个守约的对象按照调整后的比例分配。

有限合伙协议中约定分期出资符合有限合伙企业的操作惯例，能够有效提高资金的使用效率。在建立有限合伙协议的同时，应该充分考虑到这种分期出资所产生的风险，也即家族产业基金的有限合伙人由于各种原因导致不能按期出资所带来的风险，这最终可能会使家族基金不能有效运作。所以在家族产业基金建立初期，就应明确出资没有完全到位应承担的违约责任。减少责任人的投资分红、限制其权利、取消其后续投资的权利或者要求其承担企业开办费、承担资金银行利息、延期出资利息等。因为有限合伙投资的灵活性、不可预见性，可以考虑给予普通合伙人决定出资违约责任承担的自由裁量权，即给予普通合伙人从合伙企业整体利益的角度出发自主决定部分豁免违约责任人出资义务或违约责任的权利。

5. 合伙人入伙、退伙及财产份额的转让条款

在家族产业基金成立之后，仍然可能有新的合伙人进入家族产业基金，新的普通合伙人新入伙需要所有的合伙人一致同意。有限合伙人的加入则通常需要普通合伙人来决定，但在合伙协议中通常会有一些限制条件，比如，入伙应在一定的时限之内，人数应在限定的数额之内，投资金额不能超过原有资金的规模，如果新的有限合伙人的加入会影响原有决策机制，需要所有合伙人全部通过。

如果家族产业基金的合伙人要求退伙，有限合伙企业一般会要求普通合伙人作出保证在本合伙企业存续期间不得要求退伙，其本身也不得采取任何行动主动

提议解散或者终止有限合伙基金。此外，有限合伙还约定，如果发生不可抗力造成普通合伙人无法继续执行合伙事务，代表一定权益比例的有限合伙人可以选举新的普通合伙人，并且只有新的普通合伙人到位之后，原来的普通合伙人才能退伙。如果有限合伙人退伙，一般必须要求全体合伙人一致通过决定。

如果家族产业基金的合伙人转让合伙权益，普通合伙人将受到严格限制，没有经过全部合伙人的书面同意，不得转让其持有的合伙企业权益。有限合伙人转让合伙权益也会受到合伙协议的约束。《合伙企业法》规定："有限合伙人在入伙合伙企业 1 年之内，不得转让其在合伙企业的财产份额，期满 1 年后可以转让，但需提前 30 日告知普通合伙人。在同等条件下，其他合伙人享有优先购买权。如有两个以上合伙人均欲购买，由这些合伙人协商购买比例；若协商不成，由这些合伙人按照原出资比例购买上述股份。"

二、有限合伙制家族产业基金的特征

1. 财产独立于各合伙人的个人财产

《合伙企业法》第 20 条规定："合伙人的出资、以合伙企业名义取得的收益和依法取得的其他财产，均为合伙企业的财产。"第 21 条规定："合伙人在合伙企业清算前，不得请求分割合伙企业的财产；但是，本法另有规定的除外。"因此，作为有限合伙股权基金，它本身是一个独立的非法人经营实体，拥有自身独立的财产。《合伙企业法》对债务也有规定，合伙企业的债务应先以企业自身的财产对外偿还，不足的部分必须按照各个合伙人所处的地位不同承担。

2. 各个合伙人的权利和义务更加分明

《合伙企业法》第 2 条规定："有限合伙企业由普通合伙人和有限合伙人组成，普通合伙人对合伙企业的债务承担无限责任，有限合伙人以其认缴的出资额为限对合伙企业债务承担责任。"在家族产业基金组建中，由于有限合伙人和普通合伙人承担的责任不同，这就决定了他们在家族产业基金中的权利和义务不同。家族产业基金的有限合伙人仅需按照有限合伙协议约定按期、足额缴纳认缴出资额度；而普通合伙人则需要对产业基金的投资方向等重大事项进行管理和决策，对普通合伙人来说，最重要的是认真、恪尽职守地执行产业基金中的各项事务。

3. 有限合伙制基金中的税收问题

从传统意义上讲，合伙企业并非独立的法律实体，因此，不能脱离合伙人单独存在，必须建立在合伙人的契约关系之上。从法理基础上来讲，国家不能对这种契约关系征税，而只能在合伙人环节征税，正如《合伙企业法》第 6 条规定："合伙企业的生产经营所得和其他所得，按照国家有关税收的规定，由合伙人分别缴纳所得税。"该条规定决定了合伙制的家族产业基金能够有效避免双重征税的问题，从而使绝大多数家族产业基金选择有限合伙制作为自身的组织形式。

4. 设立程序简便

同公司制的股权基金相比，有限合伙制的企业没有公司注册资产的严格限制，只需要在设立的时候投资人约定一定的投资规模，而不必经过验资这一道程序，因此，有限合伙制设立程序比公司制设立程序更为简易可行。

5. 激励机制更为有效

成立家族产业基金是一个完全市场化的行为，因此，必须采用有效的激励机制，而有限合伙制则是实现激励的有效形式。一般情况下，有限合伙人的投入占总资金量的99%，普通合伙人只占其中的1%。普通合伙人作为家族产业基金的管理者，其报酬通常分为两个部分：第一部分是管理费，通常占总投资金额的1%～3%；第二部分是资本投资之后所获得的提成，此部分占基金实现收益之后获得资本利得的10%～30%。作为有限合伙制家族产业基金的普通合伙人，他们通常具备较为丰富的投资管理经验和资本运营的经验，由他们负责基金的经营管理和投资决策，能够有效规避投资风险，提高基金的投资效率，体现"专业人做专业事"的原则。如此，家族产业基金的资金能够得到最大限度的利用，得到比较高的回报，实现产业基金管理人和普通合伙人的"双赢"局面。

三、有限合伙制基金的治理机制

在有限合伙制基金中，投资者作为有限合伙人一般不参与公司的投资决策，而且根据我国新《合伙企业法》的规定，有限合伙人不得干预合伙企业的日常管理。有限合伙制很难实现公司制下对管理人的硬性约束，只能通过激励机制、约束机制、声誉机制等对普通合伙人进行约束。

1. 激励机制方面

对于普通合伙人的激励机制，最重要的设计就是其报酬体制。在有限合伙制基金运行过程中，普通合伙人的报酬可分为固定收入和可变收入两部分。固定收入就是基金管理人收取的管理费，一般占管理资本的1%～3%，主要用于基金管理的日常费用以及普通合伙人的工资等。固定收入主要用于维持企业的正常管理与运行，而对基金管理人真正形成激励作用的是可变收入，即基金管理人从风险资本投资收益中所得的份额，如前所述，一般占公司利润的20%。这部分收入就是普通合伙人的主要收入。这种激励机制会使普通合伙人追求高利润分成，从而将普通合伙人的目标引至基金增值中来。利润分成的报酬结构可以看作给予普通合伙人一个获取基金增值的看涨期权，由于这种期权的存在，将鼓励普通合伙人通过增加基金的风险来追求基金增值。

2. 约束机制方面

约束机制是为了防范道德风险。治理道德风险主要是为了防范合约签订后受托方因隐藏机会主义行为而给投资者带来损失。投资者一般会在契约中设置一些约束条款，目的是促使基金管理者努力工作。

在约束方面，一是限制投资范围。一般是对投资对象或投资所涉及行业的限制。私募基金与其他种类基金的最大的区别就是，它限制普通合伙人向公开交易的证券市场的投资，目的是防止普通合伙人为了获取高额管理费用，而将基金投入安全性很高的资产。除此之外，有限合伙人也对投资所涉及的行业作了限制，特别是对中小型基金往往限制在一个或少数几个特定行业中，目的是更加专业化。二是限制投资行为。对于并购基金来说，普通合伙人相当于期权持有人，具有利用杠杆融资进而增加收益的激励性，但这样做会给有限合伙人带来资本风险。所以，有限合伙人不允许其对外借款或者对外提出担保。另外，还限制普通合伙人向投资对象注入个人资本，主要是考虑到其向某个投资对象注资，会过度关注项目而忽视对基金其他投资的管理。三是保留退出权。

3. 声誉机制方面

如果把普通合伙人的报酬机制看成内部激励机制，那么声誉机制则是对基金管理人的外部激励机制，这种机制将会在经理人市场中产生作用。

在声誉机制方面，有限合伙制的制度安排，一是保持基金财产的独立性。为了便于基金之间的相互比较，市场要求基金的结构具有透明性，某一基金管理者名下的各个基金必须保持相互独立。目的在于可以比较清楚地判断基金业绩，比较出哪些因素是基金管理人无法控制的，哪些因素是基金管理所内生的。二是分阶段投资，并保留退出投资的选择。根据有限合伙制的授权资本原则，有限合伙人无须在基金设立开始就把全部的基金交清，而是只需交付承诺的部分基金，余下的资金将在进行投资时按照认购比例分批注资，并且有限合伙人可以根据基金的管理状况决定是否追加投资。三是基金只具备有限的存续期。存续期期满基金必须清算，这样普通合伙人就不能永久地控制基金，而且，如果他们在基金存续期有过损害有限合伙人利益的行为，必将反过来影响基金管理人的声誉。

另外，在运作成本方面，根据合伙协议，管理者每年从基金中提取一定比例的资金进行公司管理，一般占基金总资产的 1% ~ 3%，主要用于基金管理的日常费用以及普通合伙人的工资，因此，费用控制非常容易。管理者的房屋租赁、雇员薪金、差旅费用、财会和律师费用等都包括在内。因此，有限合伙制基金的运作成本也比较容易控制。在税收方面，有限合伙制家族产业基金不具有法人资格，属于一级税负制，即基金本身不是纳税主体，所取得的盈利无须缴纳企业所得税，只有当投资者从基金中取得收益时才须缴纳所得税。

有限合伙制作为国内新出现的一种组织形式，要最大限度地发挥其固有优点，减少缺点带来的不稳定性，内部治理结构的设计非常重要。一个好的治理结构可以有效避免合伙经营中信息不对称与风险不对称两大主要问题，将尚有缺陷的组织形式优势发挥到最大。

在修订前的《合伙企业法》没有明确有限合伙制这种组织形式时，大多数家族产业基金是以公司制存在的，与完全的公司制不同的是有些家族产业基金出现了"公司制的组织形式，有限合伙制的治理结构"。新《合伙企业法》的颁布实施，使有限合伙这一家族产业基金青睐的组织形式"千呼万唤始出来"，但也出现了"组织形式的有限合伙制，内部治理结构公司制"的假有限合伙。由此可见，讨论有限合伙制的内部治理结构，实质上讨论的是有限合伙人与普通合伙人对合伙企业管理权如何分配与制裁。

4. 家族产业基金普通合伙人的约束条件

家族产业基金的约束条款主要是针对有限合伙制对普通合伙人执行合伙企业事务的限制性规定，除了规定基金的投向、投资比例之外，还包括定期的财务汇报制度以及禁止、限制关联交易等。

(1) 财务汇报制度。有限合伙协议中通常都会规定，基金在第一个完整的年度结束时，普通合伙人每年应在规定的时间给基金的有限合伙人提交年度报告。有限合伙人有权利查阅及复印产业基金的会计账簿等财务资料，并有权利得到投资项目的估值报告。

（2）关联交易。有限合伙协议一般禁止普通合伙人从事关联交易，但是，如果全体合伙人同意，则另当别论。普通合伙人参与家族产业基金的具体决策，负责管理合伙企业，不允许其进行关联交易的主要目的是防止普通合伙人为了自己的利益而损害产业基金其他合伙人的利益，即防范所谓的道德风险。由于有限合伙人不参与产业基金的具体运作和经营管理，所以进行关联交易并且损害有限合伙和其他合伙人利益的可能性较小，因此，有限合伙协议允许有限合伙人可以同本企业进行交易，自营或者同他人合作经营与本合伙企业相竞争的业务。

（3）对基金负债的限制。家族产业基金的普通合伙人总是希望通过对外借款、杠杆负债的方式提高产业基金的投资能力，尽管这样可能会提高基金的盈利水平，但随之而来也会带来风险。所以许多合伙协议不允许在未经全体合伙人一致同意的前提下对外借款，或者为已投资企业提供担保。

（4）跟投以及出售相关权益的限制。家族产业基金的普通合伙人在某些情况下会将自己的资金投资跟随产业基金投向某个具体项目，为了防止普通合伙人对单个项目投入过多的个人精力以及项目在困难时期不能客观对待项目并及时退出，合伙协议往往会对此作出限制，要求全体合伙人一致通过后才可以对具体项目进行跟投，如果普通合伙人需要出售投资权益，也需全体合伙人同意决定。

（5）经营/投资范围限制。家族产业基金和有限合伙企业相结合，其最终目的在于帮助家族企业实现产业的多元化以及产业链的控制，帮助家族企业实现长远的战略布局，因此，在有限合伙企业中，规定基金的投向以及各个项目的投资比例非常重要。

在有限合伙的家族产业基金设立时，由于要实现家族企业的战略目的，又要兼顾家族基金投资产生的风险，因此，在投资时，需要兼顾投资盈利和风险控制，有限合伙协议往往采取限制投资方向的方式用以减少风险。比如，协议约定不能主动投资于不动产或其他固定资产项目，不得从事担保活动，未经家族基金决策机构的同意，不得对单个项目投入有限合伙总认缴出资额20%的投资，不得借债，不能进行承担无限责任的投资，禁止投资损害家族及家族资产声誉的产品、领域及法律法规禁止投资的领域。

在海外，有许多杠杆收购允许基金向银行进行贷款或发行债券以完成交易，但有限合伙协议会对融资上限作出要求。目前中国的融资市场并未成形，像这类融资借款很难得到银行的审批，但是对外担保和借款仍然可能发生。所以，在国内的有限合伙协议中，有限合伙协议大部分都禁止有限合伙借款投资、向其他人提供担保并承担连带责任，或是有明确的上限限制，并且所有相关条款需得到所有合伙人的同意。

（6）运营成本限制。家族产业基金采用普通合伙制，普通合伙制的管理费为有限合伙运营成本的一个大项。通常有两种做法来区分有限合伙制的运营成本和管理费。

第一种即管理费包含运营成本，即所有的有限合伙开支，包括但并不限于基金的开办费，对拟投资公司的投资、持有、运营、出售而发生的费用，年度财务报表的审计费，聘请专家以及中介机构的费用，合伙人会议、咨询委员会会议费用，托管费等以及与有限合伙企业设立、运营、中止、解散、清算等相关的费用。这些费用都列支在普通合伙人的管理费之中，有限合伙人不再另行支付其他费用及成本。

第二种即管理费单独支付，这也是国际上通行的做法。具体内容即基金保持正常运营，其所需的费用由有限合伙人自行承担并作为自身的成本，不计入普通合伙人的管理费用。管理费中所包含的普通合伙人管理团队的人事开支、办公场所租金、物业管理以及其他日常运营费在管理费中单独列支，不列入基金的运营成本。管理费的金额一般为其投资总额的 0.5% ~ 2%。提取方式为按季度、半年、一年支取。作为基金的运营成本并不计入普通合伙人管理费的具体项目如下。

一是基金设立、管理、运用或处分过程中发生的税费，包括但不限于工商注册、变更登记费、股权投资过程中产生的税费、股权持有发生的费用、股权转让产生的费用、业务规费等；

二是律师费、审计费、评估费、股权经纪费用、项目顾问费等中介费用；

三是文件和账册的制作及印刷费用；

四是信息披露费用；

五是证券买卖的税费（包括但不限于股票交易印花税，投资产品的申购、购回手续费，证券交易手续费）；

六是银行托管账户的开户、保管、资金划转费用；

七是投资决策委员会会议费用及各投资决策委员会委员因参加会议产生的费用（包括交通费、住宿费等）；

八是有限合伙清算费用；

九是为实现和保护基金正当权利而支出的费用，包括但不限于诉讼费、仲裁费、律师费等费用；

十是其他与有关基金运作相关的费用。

（7）利润分配限制。家族产业基金的目的是帮助家族实现经营的多元化和产业链的扩张，但是家族产业基金的一部分也可用作财务投资，以赚取收益为目的，此时，家族产业基金就存在退出的问题。在退出时，有限合伙制产业基金投资项目取得的投资收益一般在普通合伙人和有限合伙人之间进行分配。按照有限合伙协议，一般先扣除普通合伙人的收益分成，比例约为投资收益总额的20%，其余部分由各个合伙人按照实缴出资比例分享。对于投资收益以外的收益，按照事先约定的比例分成。当投资项目出现亏损时，各个合伙人按照实际出资比例分担，并不保障有限合伙人安全收回所投资本金。在实际中，有限合伙制的家族基金还采取有效机制，确保有限合伙人收回投资之后，才能进行利润分配，即"回拨机制"和"优先回收投资"模式。

家族产业基金中以财务增值为目的部分，在投资单个项目之后，退出时往往按照有限合伙协议进行收益分配，"回拨机制"即在项目退出并分配收益之后，普通合伙人从每个单个项目获取的收益中拿出一定比例的收益存入以有限合伙名义开立的普通合伙人收益分成账户，其中的资金用来确保有限合伙人能够收回其全部实缴出资额，实质上即作为某些投资项目亏损后补亏的有效方式。当家族产业基金中投资取得的现金收入不足以满足基金的分配要求时，将收益分成账户内的资金进行回拨，直到有限合伙人收回全部实缴出资。在已经确保有限合伙人能够全部收回其实缴出资的前提下，普通合伙人可以自行支配收益分成账户中的资金。当有限合伙终止时，如果有限合伙人仍然无法收回其所有投资，普通合伙人应该从有限合伙获取的其他收益中拿出一部分，用来弥补有限合伙人的出资，直到有限合伙人收回其全部实缴出资。比如，家族产业基金中，普通合伙人应该留存收益部分的40%，用来弥补可能出现的项目亏损。在投资中，如果出现普通合伙人总体平均收益高于协议中规定的有限合伙总体投资收益的25%，超出的部分应进行回拨，回拨部分按照合伙人的实缴出资比例进行分配。

另一个利润分配条款即"优先回收投资"，具体含义为，家族产业基金的投资并不是按照单个项目计算并且分配给普通合伙人收益，而是对所有项目进行"一揽子"计算和分配，并且在分配之前首先要保证家族基金的有限合伙人要全部回收投资。约定的投资收益分配顺序如下。

首先，家族产业基金投资者取回投入基金的数额；其次，家族产业基金的其余收益部分向所有合伙人按投资比例进行收益分配。先计算基金的内部收益率，如果其低于8%，则全部投资回报分配给全体有限合伙人；如果内部收益率为8%~10%，则8%部分分配给全体有限合伙人，剩下的收益分配给普通合伙人；如果内部收益率高于10%，则回报的80%分配给全体有限合伙人，剩下的20%分配给普通合伙人。"优先回收投资"条款不仅能够保证投资人能够优先收回投资，而且能进一步保证只有当产业基金的回报达到8%以上时，普通合伙人才能取得利润分成。因此，所谓"回拨机制"以及"优先回收投资"条款都表达了对家族产业基金出资人的利益保护。

（8）保留退出权。一般情况下，投资在存续期到期前不能随意撤出资金，但是，若发现继续投入资金可能会遭受到更大的损失的时候，则会选择退出合伙关系，所以这是一种对基金管理者的约束。这种机制设计会使基金管理者偏离投资者最大利益行为的成本非常高。

四、合伙企业事务执行

《合伙企业法》第67条规定："有限合伙企业由普通合伙人执行合伙事务。执行事务合伙人可以要求在合伙协议中确定执行事务的报酬及报酬提取方式"。《合伙企业法》并未具体列举普通合伙人执行合伙事务的具体事项，一般认为，执行合伙事务包括以下事项。

（1）对外代表合伙企业；

（2）制定决定合伙企业的投资策略、财务预算；

（3）就合伙企业具体投资项目和经营业务进行评估和决策；

（4）聘请有关专家和顾问为合伙企业提供咨询意见；

（5）获取相应经营管理报酬，即有权收取管理费。

有限合伙制家族产业基金运作的核心机制是为专业投资人才建立有效的激励和约束机制，最终提高企业的运作效率。普通合伙人作为合伙企业的专业投资人，其在管理经营合伙企业获取较大收益的同时，需要承担无限责任，因此，普通合伙人能够在这种"胡萝卜加大棒"的游戏规则下，形成与投资人高度一致的价值和利益。

我国《合伙企业法》规定，有限合伙人的主要义务是按照合伙协议的约定按期足额缴纳出资，但同时规定有限合伙人不执行合伙事务，仅能参与有限合伙的管理。由于有限合伙人没有实质参与有限合伙的经营管理，因此，有限合伙人仅需以其认缴的出资额为限对合伙企业债务承担责任。

有限合伙人不参与有限合伙企业的经营管理其实与中国的国情有不符之处，国内的信用体系也在健全中，中国的经理阶层尚在形成当中，投资人还不能完全接受其资金由其他管理人进行管理的组织架构。正如长三角地区首家有限合伙家族产业基金——温州东海创业投资有限合伙企业的创始人所说，钱投出去了怎么监管呢？故在成立之初的治理结构很大程度上复制了公司制的治理结构，出现了"组织形式的有限合伙制，内部治理结构公司制"的形式。

但是，法律的原则是权利与义务相对应，如果出现有限合伙人超越了法律规定的权利而实质上执行合伙事务，是否要承担与普通合伙人一样的法律责任，即要求有限合伙人就合伙企业债务承担无限连带责任，我国《合伙企业法》并没有明确，这不能不说是一个遗憾。《合伙企业法》第68条列举了不属于执行合伙事务范畴的事项，即有限合伙人的下列行为不视为执行合伙事务。

（1）参与决定普通合伙人入伙、退伙；

（2）对企业的经营管理提出建议；

（3）参与选择承办有限合伙企业审计业务的会计师事务所；

（4）获取经审计的有限合伙企业财务会计报告；

（5）对涉及自身利益的情况，查阅有限合伙企业财务会计账簿等财务资料；

（6）在有限合伙企业中的利益受到侵害时，向有责任的合伙人主张权利或者提起诉讼；

（7）执行事务合伙人怠于行使权利时，督促其行使权利或者为了本企业的利益以自己的名义提起诉讼；

（8）依法为本企业提供担保。

五、有限合伙人的"避风港"条款

我国《合伙企业法》第68条规定了类似于美国1976年版《统一有限合伙法》中规定的"避风港"条款（safe harbor），该条款的实质是规定了有限合伙人在有限合伙企业中享有的权利，如果超越了所规定的权利，则视为有限合伙人参与了实质经营管理，有限合伙人就有可能突破有限责任而对合伙债务承担无限连带责任。"避风港"条款中明确规定有限合伙人在合伙事业内实施下列行为，不算是参与了合伙事业的管理，具体包括以下行为。

（1）担任有限合伙或普通合伙人的受雇人、代理人或委任人，或者作为普通合伙人的公司的董事、股东、高级职员。

（2）向普通合伙人建议或者咨询涉及有限合伙的业务。

（3）作为有限合伙的保证人，或担保或承担有限合伙的一项或者多项特定义务。

（4）要求参加合伙人会议。

（5）通过表决或者其他方式建议，赞同或者不赞同一个或者数个以下事项：

- 有限合伙的解散和歇业；
- 出租、交换、出售、抵押或者其他转让有限合伙的全部或者实际全部财产；
- 在非正常业务过程中有限合伙所发生的债务；
- 改变业务的性质；
- 普通合伙人的接纳或者免除；
- 有限合伙人的接纳或者免除；
- 在普通合伙人与有限合伙或者有限合伙之间有利益冲突的交易；
- 有限合伙协议和有限合伙证书的修改。

（6）与有限合伙业务有关的而未在上述条文中列明的，但在合伙协议中以书面形式表明应由有限合伙人通过或者不通过的事项。

（7）根据歇业条款有限合伙的歇业。

（8）行使按照有限合伙法允许的但上述条文未列举的有限合伙人的权利。

但是，如何认定有限合伙人实质参与执行合伙事务，从而承担连带责任成为英美法系国家法官面临的一个比较棘手的难题，而且各州法律、判例与联邦法律、判例的结论也往往大不相同，在林林总总的有关判例中，洛马斯建筑公司的著名案例对理解有限合伙人实际参与执行合伙事务有所启迪。

案例：洛马斯建筑公司

洛马斯建筑公司是一家从事居室建筑的有限合伙企业，米歇尔·C. 洛马斯（以下简称米歇尔）是该有限合伙的唯一的普通合伙人，波特曼则是该有限合伙企业的两名有限合伙人之一。由于米歇尔具有不良的信用历史，他无法从银行获得或借得有限合伙维持营业所需要的资金，波特曼在弗兰戈银行有一笔存款，于是，波特曼同弗兰戈银行的经理莫尔取得了联系，并以洛马斯有限合伙的名义从弗兰戈银行获得了贷款，后来，洛马斯有限合伙未能在规定的期限内偿还贷款，于是，弗兰戈银行起诉波特曼，要求波特曼因参与了有限合伙的经营而对有限合伙的欠债承担普通合伙人的无限连带责任。于是，弗兰戈银行依据 R. U. L. P. A.（1985）第 303 条的规定起诉波特曼，要求波特曼对有限合伙的欠债承担普通合伙人的无限连带责任，原因是其参与了有限合伙的经营。初审法院在听取了证据后，认为波特曼为使有限合伙获得贷款以合伙的名义贷款，实际参与了有限合伙的经营管理，因弗兰戈银行有理由信赖波特曼的加入而对合伙产生信任。据此，波特曼应当对随后发生的合伙贷款负偿还责任。波特曼认为他同弗兰戈银行的关系符合"避风港"条款，他还主张他与弗兰戈银行并没有就偿还合伙的贷款达成书面协议，因此，根据反欺诈法有关担保规定，他不应承担债务偿还责任。

上诉法院法官认为，"控制"一词在《布莱克法律词典》中被定义为"管理、指导、监督、限制、规制、统治或监察的一种力量或权威"，就本案而言，证据表明波特曼为了使合伙获得贷款而代表合伙向弗兰戈银行贷款，波特曼通过获得合伙得以生存的贷款——基于他的信用而提供了购买建筑材料的来源而参与了对合伙的经营，初审法院的判决应予维持。

由此可见，如果有限合伙人通过一定方式参与有限合伙的实质经营管理的，应就合伙企业的债务与普通合伙人一样承担无限连带责任。当然，一般意义上的说情、建议、参与合伙事务的日常运作，不应算作实际参与有限合伙的经营控制，但如果有限合伙人对合伙企业业务作出关键性、决定性的决策，则会丧失有限合伙人的地位。

我国本土的合伙制家族产业基金中，许多有限合伙人的权利显然是超越了《合伙企业法》第 68 条规定的关于"避风港"条款所包括的内容，在这种治理架构下如果发生家族产业基金亏损，是否类同上述案例判令需有限合伙人承担连带清偿责任，还有待于司法实践的进一步明确。

六、本土基金内部治理结构的妥协

为平衡普通合伙人与有限合伙人的权利，有限合伙制家族产业基金形成了独特的内部治理结构，除合伙人会议之外，专门设立决策委员会或咨询委员会，使有限合伙人能真正参与到基金的投资决策中。

1. 合伙人会议

家族产业基金的合伙人会议是由全体合伙人组成的议事机构，所有合伙人不论投资额比例均享有相同的投票权。合伙人会议不同于公司股东大会，后者是公司的最高权力机构，而有限合伙企业的最高权力机构并不是合伙人会议，合伙人会议应根据合伙协议享有权利和承担义务。

由于合伙人人数众多，难以100%出席参加合伙人会议，而且意见不容易统一，故合伙人会议的权限一般受到限制，除非是涉及特别重大需要全体合伙人一致同意的事项，具体如下。

（1）听取并审议通过普通合伙人年度报告；

（2）批准普通合伙人转让有限合伙权益；

（3）决定新合伙人的入伙或者退伙；

（4）强制普通合伙人退伙；

（5）批准普通合伙人转为有限合伙人或有限合伙人转为普通合伙人；

（6）决定合伙企业的解散清算、清算组成，审核通过清算组报告。

《合伙企业法》第31条也列举了可以由全体合伙人同意的事项，但是比较灵活，可以通过合伙协议约定这些事项而不由合伙人会议决策。该条规定，除合伙协议另有约定外，合伙企业的下列事项应当经全体合伙人一致同意。

（1）改变合伙企业的名称；

（2）改变合伙企业的经营范围、主要经营场所地点；

（3）处分合伙企业的不动产；

（4）转让或者处分合伙企业的知识产权和其他财产的权利；

（5）以合伙企业名义为他人提供担保；

（6）聘任合伙人以外的担任合伙企业的经营管理人员。

由此可见，合伙人会议可以决策的事项基本与合伙企业的投资项目和主要经营业务没有关系。为防止合伙人会议越权干预普通合伙人执行合伙事务，有些家族产业基金在合伙协议中明确规定合伙人会议不应讨论有限合伙潜在投资项目或其他与有限合伙事务执行有关的事项，并不应对合伙企业的管理及其他活动施加控制。

合伙人会议召开一般由普通合伙人负责召集，一般要求合伙人会议应有全体合伙人 1/2 以上出席方为有效。另外，除法律强制要求或合伙协议约定需经全体合伙人签字同意的以外，一般经全体合伙人投票额 2/3 以上同意即可通过。

2. 咨询委员会和决策委员会

国外家族产业基金的投资决策通常全部由普通合伙人完成，有限合伙人不能参与其中，否则将丧失有限合伙人的地位和"保护伞"。国外家族产业基金中，除合伙人会议这个机构之外也设立咨询委员会，一般由认缴出资额达到一定比例的有限合伙人组成，但其职权不能超越或代替普通合伙人的职权。咨询委员会可以商议的事情通常包括以下事项。

（1）对外投资额占有限合伙出资总额 20 % 以上的事项；

（2）有限合伙与普通合伙人之间存在潜在利益冲突的投资事项；

（3）普通合伙人与有限合伙的关联交易事项；

（4）普通合伙人从事与有限合伙相竞争业务的事项；

（5）有限合伙权利分配中所涉及的估值事项。

除此之外的合伙企业投资事项均由普通合伙人独立决策，应给予普通合伙人充分的自主权，有限合伙人不得以任何理由干预。而本土家族产业基金往往会设立决策委员会就合伙企业重大事务的决策提供咨询意见或进行最终决策。决策委员会通常由普通合伙人、有限合伙人授权代表组成，有的也会引入部分外聘行业专家、法律专家等专业人士。例如，本土著名家族产业基金嘉富诚基金就在合伙协议中规定，投资决策委员会由 7 名人士组成，普通合伙人（GP）2 名，有限合伙人（LP）代表 3 名，外聘专家 2 名，其中外聘专家要求有法律或财务背景。而另外一家本土著名家族产业基金东方富海 I 期基金中的投资决策委员会有 4 名成员，2 名普通合伙人自动成为决策委员会的委员，同时东方富海下面的管理公司派一名委员，另外一名委员从有限合伙人中推举产生，这名委员每年更换一次。

本土家族产业基金的决策委员会对合伙企业重大事务在一定程度上限制了普通合伙人的自主决策权，客观上保护了有限合伙人的权益，同时外聘财务、律师等专业人员参与合伙企业重大事务的决策，又能在一定程度上防止有限合伙人权力的滥用。三方互相制衡，从而最大限度地保护了各方利益，这是本土家族产业基金在内部治理架构上对国外家族产业基金通行由普通合伙人进行最终决策的一种妥协。

在实践中，我国只有很少的有限合伙企业严格限制有限合伙人参与有限合伙事务的权利，大部分情况下，有限合伙人对有限合伙企业的投资决策仍然拥有决定权,对重大投资决策甚至拥有一票否决权。此外,国内有些有限合伙家族产业基金为了有限合伙人的利益,还特别设立"有限合伙人委员会"。根据协议,投资项目特别好但投资额比较大,或投资地点、上市地点与章程不符的,最终要由有限合伙人委员会来决策。这就赋予了有限合伙人更大的参与决策权,与有限合伙"能人出力、富人出钱"的初衷产生了一定程度的背离,这反映了当前中国本土家族产业基金在治理架构上更多地融合了公司制的治理内核的客观需求。

案例:南海成长创业投资有限合伙企业

深圳市南海成长创业投资有限合伙企业成立于 2007 年 6 月 26 日,是新修订的《合伙企业法》生效以来国内首家以有限合伙方式组建的创业投资企业。南海成长基金首期出资额为 2.45 亿元,全部来自民间资本。该合伙企业由深圳市同创伟业创业投资有限公司作为普通合伙人(GP),负责该公司的日常经营管理,并承担无限责任;由投资者作为有限合伙人(LP),准入门槛为 200 万元,且至少要在其个人或家庭资产的 20% 以下;聘请同创伟业创业投资有限公司和深圳国际高新技术产权交易所作为联席投资顾问,工商银行作为资金托管银行。要求将募集到的资金中至少 60% 投资于深圳"创新型企业成长路线图计划"中的企业,另外 40% 的资金可用于无行业及地域限制的股权投资。南海成长基金组织结构如图 3-4 所示。

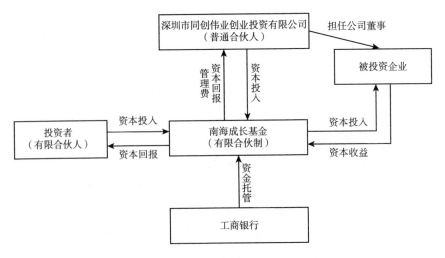

图 3-4　南海成长基金组织结构

南海成长创业投资合伙企业的设立运作，是完全按照国际家族产业基金的惯例来组织、管理的，是国内首家真正意义上的有限合伙制家族产业基金，体现了深圳创投业在全国的创新、领先地位。截至2011年，南海成长基金共募集5期资金，基金募集总额达43.95亿元。其中，2011年6月南海成长5期基金结束募集，募资总额约25亿元。基金主要投向为大消费类和新兴产业，包括消费品、连锁百货、生物医药、新能源汽车、节能环保、高端装备、新材料等行业。2010年，管理机构同创伟业创造的业绩包括：创业板上市企业数量排名前三名中投资回报率第一名、一线创投机构上市成功率排名前列、国内第一家实现现金分红的有限合伙创投基金等。

延伸阅读：解读公司制和合伙制基金的税务问题

家族产业基金组织是家族产业基金的运作平台。由于公司是企业所得税的纳税主体，而合伙企业不需缴纳企业所得税，因此，两种组织形式下的基金在纳税方面存在较大差异，缴税多少直接决定了投资收益高低。

1. 公司制基金税务问题

家族产业基金公司对外投资所得主要包括从被投资企业分得的股息、红利等权益性投资收益和基金退出时通过股权转让抵减投资成本后的所得。根据《中华人民共和国企业所得税法》第26条和《中华人民共和国企业所得税法实施条例》第83条的规定，居民企业直接投资于其他居民企业取得的股息、红利等权益性投资收益为免税收入。因此，公司制家族产业基金从被投资企业分得的股息、红利等无须缴纳企业所得税。

基金退出时通过股权转让抵减投资成本后所得，一般应按照基准税率即25%缴纳企业所得税。如果家族产业基金符合一定条件，则可享受国家或者地方的优惠政策。根据《国家税务总局关于实施创业投资企业所得税优惠问题的通知》的规定，私募股权投资企业采取股权投资方式投资于未上市中小高新技术企业2年以上，凡符合一定条件的，可按其对中小高新技术企业投资额的70%抵扣该私募股权投资企业的应纳税所得额，当年不足抵扣的，可以在以后纳税年度逐年延续抵扣。文件规定创业投资企业可按投资额的70%逐年延续抵扣应纳税所得额，但是该优惠政策仅局限在投资中小高新技术企业，且对被投资企业的规模作出了限制，若投资其他领域则不享受优惠，因此，该优惠政策的受惠面是非常有限的。

另外，在基金投资者层面，因投资者性质不同纳税方式也不同。如果投资者是企业，从基金分得的股息、红利等权益性投资收益属于居民企业之间的直接投资，免交所得税。值得注意的是，基金对外投资结束退出时通过股权转让抵减投资成本后所得分配到基金投资者时，其在基金投资者层面的性质其实是家族产业基金对投资者分配的股息、红利等权益性投资收益，属于《中华人民共和国企业所得税法》中规定的居民企业之间的直接投资收益，应当免税。由此可以看出，公司制家族产业基金实际上并不存在双重征税的问题（如果公司对有限合伙人分红，个人有限合伙人仍需缴纳20%的所得税，公司制有限合伙人按照前述原则处理）。若企业投资者退出基金，投资者通过转让其所持有的家族产业基金公司股权抵扣投资成本后所得，则应缴纳25%的企业所得税。

如果投资者是个人，根据《中华人民共和国个人所得税法》第3条的规定，个人投资者从基金分得的股息、红利所得，退出基金时通过转让股权抵扣投资成本后所得均适用"股息、红利、财产转让"税目按照20%的税率缴纳个人所得税。对于基金退出被投资企业时通过股权转让抵减投资成本后所得的收益，个人投资者除了在基金层面需负担企业所得税外，该收益税后分配给个人投资者时，个人投资者还要再缴纳20%个人所得税。因此，个人投资者对该部分收益存在双重纳税问题，实际负担的税率为40%。

2. 有限合伙制基金税务问题

首先，在基金层面，根据《财政部 国家税务总局关于合伙企业合伙人所得税问题的通知》的规定，合伙企业采取"先分后税"的原则，以每一个合伙人为纳税义务人，合伙企业合伙人是自然人的，缴纳个人所得税；合伙人是公司制企业的，缴纳企业所得税；合伙人是个人独资企业或合伙企业的，按照合伙企业税务规定缴纳个人所得税。合伙企业的纳税申报表是以每一个合伙人的名义按月申报的。因此，在基金层面，合伙制私募股权投资企业无须缴纳企业所得税。

其次，投资者从合伙制家族产业基金分得的收入包括两类：合伙制基金从被投资企业分得的股息、红利等投资收益和基金退出时合伙制基金通过股权转让抵减投资成本后的所得。若合伙制家族产业基金的投资者是企业，根据《财政部 国家税务总局关于合伙企业合伙人所得税问题的通知》确定的原则，企业投资者取得以上两种收入都需按照25%的税率缴纳企业所得税。需要强调的是企业投资者通过合伙制基金投资于被投资企业，不属于居民企业之间的直接投资，取得的股息、红利等权益性收益不能免税。另外，合伙制基金的企业投资者也不能享受《国家税务总局关于实施创业投资企业所得税优惠问题的通知》确定的按投资额70%抵扣的优惠政策。

合伙制家族产业基金的投资者是个人时所适用的个人所得税税率在实践中存在不同规定。按照《财政部 国家税务总局关于印发〈关于个人独资企业和合伙企业投资者征收个人所得税的规定〉的通知》规定，合伙企业每一纳税年度的收入总额减除成本、费用以及损失后的余额，作为投资者个人的生产经营所得，比照个人所得税法的"个体工商户的生产经营所得"应税项目，适用5%~35%的五级超额累进税率，计算征收个人所得税（按照新的个人所得税法，年经营所得超过10万元的部分按35%税率，由于创业投资的投资额巨大，一般可按35%粗略计算）。但是关于合伙企业对外投资分回的利息、股息、红利的征税问题，国家税务总局于2001年1月17日发布《国家税务总局关于〈关于个人独资企业和合伙企业投资者征收个人所得税的规定〉执行口径的通知》，其中明确规定合伙企业对外投资分回的利息或者股息、红利，不并入企业的收入，而应单独作为投资者个人取得的利息、股息、红利所得，按照"利息、股息、红利所得"应税项目计算缴纳个人所得税，即税率为20%。因此，对于合伙制家族产业基金从被投资企业分回的股息、红利，个人投资者应按20%税率缴纳个人所得税。而对于合伙制基金退出时通过股权转让抵减投资成本后所得无特别规定，应按照《财政部 国家税务总局关于印发〈关于个人独资企业和合伙企业投资者征收个人所得税的规定〉的通知》的规定适用5%~35%的五级超额累进税率。

但某些省市对个人投资者缴纳个人所得税作出了特别规定，比如北京市规定"合伙制股权基金中个人合伙人取得的收益，按照'利息、股息、红利所得'或者'财产转让所得'项目征收个人所得税，税率为20%"；上海、天津等地规定在自然人合伙人中，执行合伙事务的普通合伙人按照"个体工商户的生产经营所得"税目缴纳个人所得税，不执行合伙事务的有限合伙人则应按"利息、股息、红利所得"税目（适用税率为20%）计征。

根据《宁波市〈鼓励股权投资企业发展的若干意见〉的通知》，股权投资企业和股权投资管理企业及其相关方应根据《中华人民共和国企业所得税法》和《中华人民共和国个人所得税法》等有关法律法规的规定，自觉履行相关纳税义务。具体如下。

以有限合伙形式设立的股权投资企业和股权投资管理企业的经营所得和其他所得，按照国家有关税收规定，由合伙人分别缴纳所得税。

其中，执行有限合伙企业合伙事务的自然人普通合伙人，按照《中华人民共和国个人所得税法》及其实施条例的规定，按"个体工商户的生产经营所得"应税项目，适用5%~35%的五级超额累进税率，计算征收个人所得税。

不执行有限合伙企业合伙事务的自然人有限合伙人，其从有限合伙企业取得的股权投资收益，按照《中华人民共和国个人所得税法》及其实施条例的规定，按"利息、股息、红利所得"应税项目，依20%税率计算缴纳个人所得税。不同类型家族产业基金税收制度对比如表3-1所示。

表3-1 不同类型家族产业基金税收制度对比

项目		公司制	合伙制
基金层面		• 从被投资企业分得的股息、红利等权益性投资收益：免税（《企业所得税法》26条，《企业所得税法实施细则》83条）	• 无所得税
		• 基金退出时通过股权转让抵减投资成本后所得：25%的企业所得税	
投资者层面	企业投资者	• 从基金分得的股息、红利等权益性投资收益以及基金退出收益分配给投资者所得：免税 • 退出基金时转让股权所得：25%的企业所得税	• 全部所得：25%的企业所得税
	个人投资者	• 全部所得：20%的个人所得税	• 从被投资企业分得的股息、红利等：20%的个人所得税 • 基金退出收益：5%~35%五级超额累进税率
			• 宁波市政策： ▶ 执行合伙事务的自然人合伙人：5%~35%五级超额累进税率 ▶ 不执行合伙事务的自然人合伙人：20%的个人所得税
基金管理者层面	有限责任公司	• 管理费：营业税、城建税和教育税附加、水利基金 • 基金退出收益：免税	
	合伙企业	• 全部所得：20%的个人所得税	

3. 公司制与有限合伙制基金税负比较

一般理解上，有限合伙制比公司制更具税收优势。公司制私募股权投资（PE）由于投资收益在公司层面需要交纳所得税，投资收益在分配给投资人的时候还需交纳个人所得税，因此，存在双重征税的问题。有限合伙制由于不是法人，在企业层面不需要交纳所得税，只需要在投资收益分配给投资人时缴纳所得税，能够避免双重征税，但在税收优惠幅度上似乎不如公司制。这两种模式在税收上到底哪个更具优势？我们通过一个典型案例做进一步的剖析。

假设一个项目投资时的本金为 1000 万元，市盈率为 7 倍，投资当年企业利润是 2000 万元，3 年后该企业成功 IPO，一年锁定期满可以在二级市场退出，此时企业的利润为 4000 万元，市场平均市盈率是 30 倍（如表 3-2 所示），由此大致判断该项目的收益率是 543%，年均收益率是 59.2%。结合目前市场上私募股权投资的退出时间、收益率及成长性看，这堪称一个典型的成功案例，那么，其中的私募股权投资在退出时实际承担的税负有多高呢？

表 3-2　　　　　　　　　　　典型案例的假设条件

投资时		退出时		退出结果	
投资本金（万元）	1000	IPO 比例（%）	25	投资增值倍数（倍）	6.43
市盈率（倍）	7	市盈率（倍）	30	变现金额（万元）	6429
企业利润（万元）	2000	企业利润（万元）	4000	投资收益（万元）	5429

假设投资人和基金管理人都是个人，并且公司制下的激励机制按照有限合伙的普通合伙人/有限合伙人模式进行模拟，我们可以分以下四种情形比较投资收益在税收、投资人和管理人之间的分配情况：（1）公司制，无任何税收优惠；（2）公司制，但根据税收优惠获得 70% 的投资折扣；（3）有限合伙制，按照国家规定，普通合伙人和有限合伙人适用 35% 的税率；（4）有限合伙制，普通合伙人和有限合伙人税率按照目前最优惠地区的 20% 税率计算（如表 3-3 所示）。

表 3-3   典型案例下公司制和有限合伙制的税负比较

项目		公司制		有限合伙制	
		A. 无投资抵扣	B. 有投资抵扣	C. 个人普通合伙人和有限合伙人（35%所得税率）	D. 个人普通合伙人和有限合伙人（20%所得税率）
企业层面	投资收益（万元）	5429	5429	5429	5429
	企业所得税（万元）	1357	1182	0	0
	税收投资收益（万元）	4071	4246	5429	5429
投资人层面	收益（万元）	3257	3397	4343	4343
	企业股东所得税（万元）	0	0	1086	1086
	个人股东所得税（万元）	651	679	1520	869
	税后收益*（万元）	2606	2718	2823	3474
	占总投资收益的比例*（%）	48	50.06	52	64
	年收益率*（%）	37.8	38.86	39.83	45.44
管理人层面	收益（万元）	814	849	1086	1086
	企业所得税（万元）	0	0	0	0
	个人所得税（万元）	163	170	380	217
	个人最终收益（万元）	651	679	706	869
	占总投资收益的比例（%）	12	12.52	13	16
税金	金额（万元）	2171	2031	1900	1086
	占总投资收益的比例（%）	40	37.42	35	20

注：* 表示基金管理人为合伙企业。

可以看出，有限合伙制即使承担 35% 的税率，其总体税负也低于享受 70% 税收抵扣优惠的公司制。进一步比较可以看出：当项目的总投资收益率小于 0 时，这四种情形的税负相同；收益率小于 70% 时，享受 70% 税收抵扣的公司制税负低于有限合伙制；收益率高于 280% 时，有限合伙制的税负低于公司制（如表 3-4 所示）。

表 3-4   不同总投资收益率下的税负

总投资收益率 R	税收占投资收益的比例	结论
R < 0	四种情形相同	两种模式都一样
0 < R < 70%	B < D < C < A	能享受 70% 抵扣的公司制最优
70% < R < 280%	D < B < C < A	有限合伙的 GP 和 LP 如能享受 20% 税率，则最优
R > 280%	D < C < B < A	有限合伙制最优
无论何种情形，公司制如不能享受 70% 抵扣，则公司制税收成本最高		

　　虽然公司制可以享受70%投资额抵扣，但该项优惠政策对适用条件有严格的界定，主要针对向中小型高科技企业的投资。而目前京、津、沪、渝等地已经通过税收返还的方式对有限合伙制进行扶持，因此，在实际操作中，有限合伙制的税收优势比公司制更有吸引力。

　　值得关注的是，在以上典型案例中，如果不考虑20%税率的有限合伙制情形，那么，私募股权投资无论是有限合伙制还是公司制，投资人获得收益占总投资收益的比例都只有50%左右，而缴纳的所得税则占35%～40%，远远高于一般性投资所得20%的税率。

第四章 家族产业基金的投资流程及管理

第一节 项目的选择

一、项目定位与目标企业的基本标准

所谓项目定位，就是站在家族产业基金管理团队的角度，结合基金管理团队以及一些基金投资者的专业背景、个人特长、行业认知、风险偏好等因素，对于拟投资的项目有一个基本的范围限定。家族产业基金在开始投资之前，应该有一个清晰的项目定位。项目团队在项目定位的指导下，有效地选择符合自己定位的项目，以提高项目选择的效率。

为了降低风险，家族产业基金会考虑投资组合，尽量将多个投资项目放在不同的投资领域，以减少项目之间的关联性，避免"将所有的鸡蛋放在同一个篮子里"。多元化的项目定位能够有效地降低私募股权投资的风险。同时，一个家族产业基金的项目定位不是一成不变的，基金的投资风格也会随时间的改变而发生改变。项目定位应依据时代的发展、投资热点的转移和不同行业的发展态势及状况等进行适时的修正。一般来说，家族产业基金选择目标企业的基本标准包括四方面内容。

（一）所经营业务有巨大的市场前景和行业成长潜力

无论是民间资本还是政策支持，都指向优势行业。相比其他企业，投资者更为关注行业领头羊，即每一个细分行业的佼佼者（即使是通过并购等手段在某些方面成为第一名），概括来讲即为"两优"——优势行业、优秀企业。其中，优势行业是指新兴的、受到各方关注的、有国家的支持、有发展空间的行业，而优秀企业是指在优势行业中具有核心竞争力和成长性，细分行业排名靠前的优秀企业，其核心业务或主营业务要突出，企业的核心竞争力要突出，拥有超越其他竞争者的能力。在选择的顺序上，按照"先选赛道、再选选手"的思路，投资机构通常会先确定投资行业及领域，然后再寻找其中的优势企业。

目前在国内开展投资的私募股权投资机构几乎染指了所有的行业，虽然在不同行业私募股权投资集中的程度有很大差异，但毫无疑问私募股权投资界普遍的共识是行业的选择对项目的成功是至关重要的。那么如何选择行业呢？除了要具备巨大的潜在市场需求，同样重要的是要符合国家的发展政策走向。一个简单的例子就是，对于私募股权投资来说密切关注《新闻联播》显得非常必要，看《新闻联播》其实就是理解和跟踪国家的政策走向。国家政策的每一次调整，既可能催生很多很好的新投资机会，也可能对一些投资领域产生重大的不利影响。例如，新能源行业一直受到国家扶持，这几年也涌现了众多优秀的公司。

因此，即使在国家政策鼓励发展的行业，由于政策导向不一样，发展的机会不一样，投资方向也就不一样。在国家鼓励发展的行业中，一定存在着众多的投资机会；而在限制发展的行业，即使再努力，也无法突破已然存在的天花板。例如国内的房地产市场如果无视政府对房价的严厉调控，继续看涨这个行业，投资可能就面临风险。

（二）有优秀的领导人和管理团队

从表面上看，私募股权投资进行的是技术、项目的投资，但归根结底是对核心领导人物及其团队的投资。管理团队特别是核心领导人的水平、能力、信念、道德水准，直接影响到项目投资的成败。

私募股权投资界有一句话十分流行，投资只有三个标准：第一是人，第二是人，第三还是人。投资就是投人，投团队。但什么样的团队是优秀的标的呢？不同的私募股权投资会有不同的偏好，但就国内知名私募股权投资掌舵者普遍的意见归纳，我们可以得出值得投资的创业者或创业团队起码应该具备如下四种特质。

一是大气的人，胸怀宽广。胸怀有多广决定了事业能做多大，大气的人往往凝聚力强，能团结一批人才在自己的周围，从而更好地成就事业。

二是一根筋的人，执着专注。私募股权投资最怕创业团队花心，随波逐流，朝三暮四，什么都想做，缺乏专业和专注性，在这种团队的带领下企业很难在某一方面形成突破，达到迅速扩张的效果，反而可能四面出击，耗尽企业资源后颗粒无收。其实不能专注的团队和企业，也是一种没有成功信心的表现。

三是好面子的人，负责任、敢担当。所谓好面子就是爱惜自己的声誉，维护自己的形象。特别是在做任何决策时都会担负起"做老板的责任"，审慎、不轻率、表里如一、言行一致，确定目标后努力达到，不轻言放弃。

四是清醒的人，审慎、明白、有分寸。私募股权投资不怕创业者没激情，怕激情过头或者盲目激情。要领导企业在市场的竞争中脱颖而出，清醒或者说冷静是很重要的，清楚地知道自己有什么资源、要干什么、能干什么、不能干什么、面对什么对手、甚至自己有什么弱点的企业领导者或领导团队实际上并不是那么多。真正清醒的人作出的决策才能体现出知己知彼、量力而行、进退自如。

团队的评判并不是一成不变的，要注意与企业类型的匹配，不同模式的企业，其团队的特质会存在一些差异，企业成功的关键在于团队特质与企业模式相匹配。例如对于消费连锁等服务业而言，团队的特点往往是专业背景不太重要，从业经历最好丰富，可以说管理水平决定了这类模式的成败，所以关键在于看管理团队对其业务的理解，内部管理的能力如何，是否具有严格细致的工作作风。对于网络游戏、电子商务等新互联网企业而言，支持其商业模式的关键点在于团队的快速反应能力和执行能力，因此，团队的特点最好年轻朝气，充满激情，富有理想，执着甚至是偏执，投入甚至是狂热。在这里不一一列举与不同的行业或商业模式相匹配的团队最佳特质，只是让读者明确私募股权投资在评判不同企业创业团队时，一定要依据企业所处的行业和适用的商业模式而对评判标准有所侧重。

（三）成长性考察

对于家族产业基金来说，高成长性意味着退出的高收益。可以说，成长性是私募股权投资的关键，没有成长性，就没有投资的价值可言。成长性最重要的指标是净利润增长率。一般情况下，私募股权机构对企业净利润增长率的要求会很高，保底线为30%（与创业板上市要求吻合），高于30%的居多。

考察企业的成长性，关键在于寻找支持其持续成长的核心能力。企业的核心能力可以表现在品牌、技术、管理、文化等很多方面。对于技术型企业，是否拥有持续的技术创新能力、研发人员和技术创新体系，是判断其成长性的关键。对于运营型企业，是否拥有一支完整的、执行力高的团队是关键。而无论哪种因素是关键，企业的成长最终都会表现在财务等指标上，因此，千万不要被项目企业所谓的专利技术优势、名目繁多的奖状、资产规模及政府的重视程度等光环所迷惑，而最终要在核心能力和财务指标上找到成长的依据，以提升项目判断的可靠性。

需要强调的是，对于企业而言，技术并不一定等于专利，也不一定等于市场。判断技术的投资价值，不在于其高精尖程度，而在于其区别传统技术的创新性、难以复制的独占性、带来成本下降或性能提高的盈利性以及创新能力的持续性，其核心就是能否带来市场占有率的持续成长。很多高科技企业，追求技术完美主义，沉迷于自己的技术，而忽略了市场对其技术的检验，不仅错失市场机会，还可能偏离市场所要求的方向。获奖级别越高的项目，往往投资的可能性越低，说的就是这种情况。因此，在考察企业时，市场往往比技术更重要，只有企业的市场有巨大的发展空间，其技术又能支持这样的市场目标，企业才真正有发展的潜力。

（四）较好的回报预期

由于不像在公开市场那么容易退出，私募股权投资者对预期投资回报的要求比较高，至少高于投资其同行业上市公司的回报率，有的外资投资人还期望投资者有"中国风险溢价"，要求25%～30%的年投资回报率是很常见的。我国创业板首批上市的28家公司，平均静态市盈率超过110倍，平均涨幅高达106.23%，为一批私募股权投资机构带来了巨大的造富效应。

二、项目来源

如何使家族产业基金拥有源源不断的项目来源？简而言之，应该发动家族产业基金内外部双重的力量，共同寻找合适的投资项目。

（一）基金管理团队与基金投资者的社会资源

在对家族产业基金管理团队的要求中，具有广阔的社会资源和人际网络是核心要素之一。这些人脉资源会不断地提供投资项目的信息，供团队参考与取舍。同时，有些与管理、与运营团队联系紧密的基金投资者也可能提供一些投资项目的信息，比如合伙制家族产业基金里的有限合伙人，可能对某个实体企业或行业有十分深刻的认识，足以提供某些投资项目的信息。

为了获取更多的投资项目的信息，基金管理团队要善于从内部挖潜，发动自己的各种人际关系，尽可能多地提供投资信息。平时也要留意各种媒体上的消息，可能不经意间就捕捉到一条极具价值的投资信息。

（二）战略合作伙伴

家族产业基金应该与券商保荐机构、律师事务所、会计师事务所等机构形成良好的战略合作关系，这些机构广泛地与各类企业打交道，能够提供比较有价值的投资信息。同时，这些机构接触的项目或企业更接近于首次公开发行股票，对于私募股权投资来说既降低了风险又提供了退出通道，具有非常重要的价值。

（三）经纪人网络

随着家族产业基金投资的兴起，出现了许多的专业经纪人网络，也就是私募股权投资的中介机构。它们广泛地收集投资项目的信息，与各个家族产业基金关系密切，为投资家和企业家之间牵线搭桥，并从中收取一定的咨询顾问费用。家族产业基金可以利用这些专业的经纪人网络，获取有价值的投资信息。

（四）投资见面会等有组织的活动

家族产业基金为了推介自己的业务，可以举行投资见面会、行业投资项目推介会等，号召具有融资需求的企业和项目汇聚在一起，通过研讨、交流、座谈等方式，有效地搜集投资项目的信息。这类活动是家族产业基金主动出击，获取投资项目的有效形式，可以地域、行业等作为主题，发起会议活动，比如"××市私募股权投资项目推介会""××行业私募股权投资见面会"等，通过同融资双方的互动，达到搜集投资项目信息的目的。

第二节　项目初步筛选

项目信息收集上来以后，要进行初步研究和筛选，可以先将一些真实性、盈利能力、市场前景、产业发展、组织及团队存在问题的项目排除。项目信息的表现形式一般有商业计划书、项目可行性研究报告、项目申请报告等，这些形式作为初步研究筛选都是可以的。一旦投资人对项目产生了兴趣，需要进一步研究，最好统一商业计划书形式，这样比较直观，也比较能够反映融资方的真实想法。

一、商业计划书

商业计划书一般包括企业与团队介绍、产品与服务、市场需求分析、竞争性分析、市场营销策略、盈利模式与财务分析、融资计划与使用方案、风险与防范、结论以及附件等，基本可以把项目的背景、需求及竞争、融资目的及计划以及项目真实性佐证等问题表述清楚。对于投资人来说，商业计划书是认识项目的第一个工具，也是进行项目初步研究筛选的重要依据，应该从多个角度带着疑问进行研究阅读。

（一）研究项目的产品或服务

首先要能够对公司的产品或服务进行一个清晰的定义。该产品和服务带来什么价值或者解决了顾客的什么问题。其次需要弄清楚公司的目标市场是什么。实际上就是项目的产品或者服务卖给谁，已经卖给了谁，还可以卖给谁等。最后要弄清楚行业前景（市场容量）和潜在的增长机遇如何。实质是市场上有多少人、多少金额会加入这个购买的行列，当前的市场发展到了哪种程度，未来的市场增量又能有多大，增速是什么样的。把握住这几个问题，基本上就能弄清楚项目在干什么了。

（二）研究项目的盈利模式和目前财务状况

首先要弄清楚项目的盈利模式是什么，是卖产品挣钱还是卖服务挣钱，还是既卖产品又卖服务挣钱。卖产品的话有哪些产品可以卖钱，其在盈利模式里面的构成比例如何。其次是这种盈利模式的最大优点是什么，是利润高还是周转快，是市场波动小还是不依赖代理商与经销商。这种盈利模式与其他同类产品或服务的盈利模式有何不同，为什么别人没有采用这种盈利模式。如果别人也采用这种盈利模式，那我们又有什么竞争优势，是垄断了供应商，还是实现了产业链的一体化。最后是公司的财务状况如何。经营了多少年，挣了多少钱。项目的盈利成长性怎样，是每年差不多还是一年更比一年高。项目的毛利率和净利率水平如何，为什么会毛利率高而净利率较低，是否管理成本过大等。

（三）研究项目的行业地位

首先要研究项目处在行业及子行业产业链的什么部位，是处在有利位置还是不利位置，项目的下游是些什么企业，项目有没有被前向一体化或者后向一体化的可能，有没有前向一体化或者后向一体化其他企业的可能。其次要研究项目的行业及其子行业竞争状况如何，谁是最主要的竞争对手，竞争对手在市场中的地位如何，项目能否排进行业的前三名或者前五名。最后研究项目的价值主张是什么，就是面对行业的竞争，希望通过什么策略来取得竞争的胜利，是坚持成本领先战略进行价格竞争，还是坚持质量取胜走高端市场等。

（四）研究项目的竞争对手

研究项目的竞争对手，需要研究项目处于什么样的市场地位，占有多大的市场份额，主要竞争对手的市场份额有多大，项目同主要竞争对手相比，在下列哪些要素中具备什么优势。

（1）技术。要弄清楚项目是否具有某些专利和知识产权，项目研发经费投入和研发能力如何，有多少专利技术储备，有多少科研人员，他们的教育和工作背景怎样等。

（2）壁垒。研究项目是否具有垄断资源，该垄断资源依赖于什么要素，是政府权力，是天然优势，还是某种合作或者稀缺资源。这种垄断给企业带来了什么好处，这种垄断被别的企业打破的可能性有多大，可能在多长的时间内被打破等。

（3）成本要素。研究项目是否具有某种低成本优势，比如土地成本、人工成本、原材料成本、机器设备折旧、运输成本、财务成本、管理成本等。

（4）营销。需要研究项目采用什么营销战略，是价格竞争还是其他，是依靠自己营销还是走代理商渠道，以及是否有完整的营销网络，是否有长期的销售协议，营销队伍的专业能力如何等。

（五）研究项目的融资规划

首先要研究公司需要融资多少，是否符合家族产业基金的投资定位，太少则没有必要投资，太多则可能超出基金的承受能力，可能需要联合投资或者放弃。如果进行联合投资，则可能的投资机构如何寻找，是项目自身再去寻找还是家族产业基金去寻找，有没有把握寻找到等。其次要研究项目融入的资金怎样使用。这是非常关键的一点，融入的资金干什么决定了资金的作用和项目的发展方向，也决定了融资活动中双方的讨价还价能力。最后要研究项目融资后股权结构如何，家族产业基金占到了多少，是否属于合理的持股范围和价格范围等。

二、行业与公司研究

通过对项目的初步研究筛选，家族产业基金经营管理团队对于项目有了初步的了解和认识。但总的来说，主要依据项目融资方自己提供的材料得出的初步意见，还不是客观公正的实际结论，为了取得对项目的独立、客观、公正的认识，家族产业基金经营管理团队要抛开项目融资方提供的材料，对项目开展行业与公司的独立性研究。

（一）行业研究

私募股权投资前进行的行业研究，主要从下列五个方面进行。

1. 行业的宏观环境研究

首先要研究行业对于经济环境、宏观调控、出口增长、投资增长的依赖程度，研究行业在国民经济发展中的地位、作用如何，是否得到政府的鼓励和扶持，是否会受到政府的宏观调控，是否符合国家的科学发展、节能减排、环保、资源节约等指导方向等。其次要研究行业的格局如何，是充分竞争、寡头竞争还是寡头垄断，是民营企业主导还是国有经济主导。最后要研究行业的发展阶段，弄清楚行业是处于初创、增长、成熟、衰退等的哪个阶段，行业处于不同的阶段则未来的发展潜力也有所不同。

2. 行业里知名企业比较

对行业里知名企业的比较，要先看行业里是否有上市公司，上市公司的业绩如何，近3年来的增长如何，市场占有率如何，是否有亏损的上市公司，为什么亏损等。如果没有上市公司，则要分析为什么没有上市公司，可不可能出现上市公司。在未上市的公司里，行业前三名公司今年业绩如何，增长如何，市场占有率如何，有无上市的计划，媒体关注度和曝光率如何，知名企业有无重大新闻事件，评估新闻事件对行业的影响等。

3. 行业前景预测与判断

对行业前景预测与判断非常重要。要弄清楚行业的市场容量，以及未来3~5年的市场增量，要分析行业的消费者和潜在的消费群体，以及消费群体可能出现的变化和增长的速度等。要分析行业的进入壁垒和退出的成本，预测行业的增长比率和衰退周期等。要对行业进行细分，对子行业的替代作用、促进作用、竞争程度以及子行业的发展趋势等进行深入分析。

4. 行业的制约因素

可以从原材料及供应商、人力资源与劳动力成本、技术创新与知识产权保护、替代产业与技术、市场需求与消费者的迁移、成本控制等多个方面考察行业的制约因素，目的是比对家族产业基金拟投资项目与这些制约因素的关联程度。

需要注意的是，行业的制约因素并不等于对项目的制约因素，有时可能制约因素的存在降低了行业其他企业的竞争能力，而拟投资项目克服了这些制约因素，则制约因素的存在反而成为项目发展的优势。

5. 关联行业的发展态势和影响

关联行业可以简单区分为替代、互补、供应、消费等行业，关联行业的发展态势和对行业的影响对于项目的发展有密切的联系。例如，分析自行车行业，自然会考虑电动助力车行业、公交行业（公交出行方式）等关联行业。

（二）公司研究

私募股权投资前的公司研究是对拟投资项目的研究。对于拟投资的项目，结合行业的发展，展开独立、客观、公正的研究，形成较为量化的、可以进行多个拟投资项目间横向对比的数据或分值。公司研究主要从下列九个方面进行。

1. 核心竞争力研究

核心竞争力研究主要从项目盈利模式、市场地位、垄断特性、品牌影响、供应链、技术堡垒、成本优势、质量管理、客户资源、营销手段等要素入手，最后归结出的核心竞争力应该落在某一点或者几点上。

2. 管理团队研究

要从价值观和人格魅力、梦想追求和现实目标、诚信和社会责任、成功与分享、执行力和创新力、竞争与合作、专注和专业等多个角度对企业（项目）的管理团队进行研究，最好得出比如百分制里的一个分值，方便进行横向对比。

考核一个项目到底可行与不可行，定量分析与定性分析都是必要的。对人的考察虽然用到了定量的方法，但它的作用却是定性的。很多时候，在对于定量分析没有太大异议的情况下，定性的分析才是至关重要的，也就是说，项目其他指标不错，如果觉得团队可以，就可以进行投资，如果觉得团队不行，就不要进行投资。

3. 管理水平考量

主要从生产管理、供应链管理、售后服务等方面进行考量。

4. 生产管理

主要包括工艺流程设计是否合理、标准化程度高低、员工是否训练有素、质量控制水平和废品率高低等评估。

5. 供应链管理

主要包括对采购管理、库存控制、发出商品管理、应收应付账款管理等管理水平的考量评估。

6. 售后服务

主要考量企业的售后服务体系是否完善、售后服务是否及时、顾客的意见是否得到充分重视以及进行顾客满意度调查等。

7. 盈利能力考量

主要从企业的毛利率、净利率、总资产收益率、净资产收益率、经营性现金流等财务指标进行考量，可以与行业前三名企业进行横向比较。此外，要对企业的价值进行评估，包括账面价值、潜在价值、财务风险等指标的量化估值。

8. 企业文化和制度建设研究

主要包括员工对企业发展目标和经营理念的认同度、员工待遇、激励机制、奖罚实施等方面的考察研究。

9. 制约企业发展的要素研究

要研究和分析制约企业发展的要素，可以结合行业里面的制约因素分析来进行。对制约企业发展要素的研究，主要目的是考虑投资后能否通过增值服务帮助其消除或改善这种制约因素。如果不能有效地减轻或者规避这种制约因素，就不能轻易地进行投资。

第三节　尽职调查

一、尽职调查概述

（一）尽职调查释义

尽职调查也称审慎调查，指在私募股权投资过程中投资方对目标公司的资产和负债情况、经营和财务情况、法律关系以及目标企业所面临的机会以及潜在的风险进行的一系列调查。

这些调查通常委托律师、会计师和财务分析师等独立的专业人士或机构进行从而决定是否实施投资。一般来讲，专业机构所作的尽职调查包括财务尽职调查、税务尽职调查、业务尽职调查和法律尽职调查等。但事实上，正如事务所对上市公司的审计存在偏差一样，专业机构所作的调查流于形式的情形也屡见不鲜，因此，很多家族产业基金在聘请专业机构进行调查前还是喜欢先派出自己的人员对目标企业进行摸底。

与项目选择阶段的初步研究筛选和行业与公司研究不同，尽职调查是由第三方或者第三方与家族产业基金联合对拟投资项目进行的调查，调查形成的尽职调查报告具有一定的法律效力。

（二）尽职调查的目的

尽职调查的目的是使家族产业基金尽可能地发现其要购买的股份或资产的全部情况。从这个角度来说，尽职调查也是风险管理。对家族产业基金来说，投资存在着各种各样的信息风险，诸如目标公司过去财务账册的准确性，投资后目标公司的主要员工、供应商和顾客是否会继续留下来，是否存在任何可能导致目标公司运营或财务运作分崩离析的义务等。因此，投资方有必要通过实施尽职调查来补救买卖双方在信息获知上的不平衡、不对称。一旦通过尽职调查明确了存在哪些风险和法律问题，投融资双方便可以就相关风险和义务应由哪方承担进行谈判，同时买方可以决定在何种条件下继续进行收购活动。

实际上，私募股权投资的尽职调查有两个作用：一是了解企业的真实状况，包括企业的过去、现在和将来，是企业现实和潜在趋势的汇总；二是根据调查结果作出投资判断，包括判断是否符合投资原则、预测企业发展前景、评估企业价值、评估潜在的交易风险等。

二、尽职调查的程序和方法

尽职调查是一项相对复杂的工作，其主要程序包括以下内容。

（1）由家族产业基金投资方指定一个由专家组成的尽职调查小组。小组成员通常包括律师、会计师和财务分析师等，开始尽职调查前小组成员应预先与投资方进行充分商洽，包括已决定实施尽职调查的内容和编写尽职调查报告的方法。

（2）由家族产业基金投资方及其聘请的专家顾问与拟投资企业签署"保密协议"。保密协议的主要内容是：基于双方进行合作的需要，融资方同意将其拥有的保密资料提供给投资方，投资方同意按照协议规定的保密条款、保密时效、保密形式和违约责任接受融资方提供的保密资料。

（3）由投资方准备一份尽职调查清单，融资方负责把所有相关资料收集在一起并准备资料索引，并指定一个用来放置相关资料的房间（又称为"数据室"或"尽职调查室"）。

（4）由投资方的顾问包括律师、会计师、财务分析师等作出报告。对决定目标公司价值有重要意义的事项进行简要介绍。尽职调查报告应反映尽职调查中发现的实质性的法律事项，通常包括根据调查中获得的信息对交易框架提出建议，以及对影响购买价格的诸项因素进行的分析等。

尽职调查的方法主要包括以下三种。

（1）面对面访问。与公司管理层、相关业务人员、核心技术人员、公司客户、供应商、债权人、工商部门、税务部门、环保部门等进行面对面访问；

（2）查阅公司成立和税务登记资料。包括公司营业执照、公司章程、重要会议记录、重要合同、账簿、凭证等；

（3）实地观察。对企业厂房、设备和存货等实物资产进行实地观察。

三、尽职调查的内容和实践重点

（一）尽职调查的主要内容

尽职调查的内容应该来说是可以有选择的，比如有些项目可能有技术尽职调查，有些可能没有。但是，尽职调查一般不能脱离下列主要内容。

（1）财务尽职调查。包括会计政策、会计报表、表外事项（包括对外担保、抵押、诉讼及表外负债）等。

（2）法律尽职调查。包括项目历史沿革和存续的合法性判断、主要规章制度的合法性调查、人员状况调查、重大合同履约及长期债权债务情况调查、主要财产权利的合法性以及是否存在权利限制、法律纠纷或潜在纠纷、负债调查等。

（3）业务尽职调查。包括项目政策环境、国内外市场环境、竞争环境、竞争战略、商业计划、市场地位等。

（4）运营尽职调查。包括项目运营状况，管理层诚信、能力和愿景，技术先进性，流程管理，质量控制，顾客满意度，员工满意度等。

（5）税务尽职调查。包括税收状况和税负水平，有无欠税风险和潜在问题的调查等。

（6）环保尽职调查。包括国家和地方的环保法律标准对项目的限制、项目取得的环保许可证或特许证和其他授权文件、是否存在违法事件或曾遭到处罚等内容。

（二）尽职调查的实践重点

在对私募股权投资从业者经验总结的基础上，我们汇总了尽职调查过程中需要关注的实践重点，主要包括以下内容。

1. 与企业内部人员全面接触

对于企业内访的过程中，调查人员容易犯的典型错误就是总是将访谈的重点放在企业大股东和主要管理人员身上，对多数小股东和基层管理人员的访谈重视不够，这样工作得出的结论很容易产生偏差。因为大股东和中小股东的利益有时候不完全一致，多听听中小股东的看法，可能得到对企业发展和管理方面不一样的意见，能够提醒我们也许被忽略了的问题。而基础管理人员面对的问题更实际，他们的意见对我们判断项目落地的可行性有很大的帮助。同时不同层级企业股东和管理者的综合调查也能帮助我们对企业的凝聚力和向心力有一个全面的了解。所以内部访谈不能嫌麻烦、点到为止，一定要充分、全面。

目前私募股权投资在国内的投资对象以技术型企业居多，投资者在对企业现场进行走访时，当然要关注研发、市场、生产部门，但还应该详细走访企业的办公、仓库、物流、财务、人力资源等部门，以对企业有全面、客观的了解和公正的判断。一家企业的成功是各个部门综合努力的结果，企业管理水平的高低也是企业各个职能部门管理水平的综合体现。

2. 通过细节了解企业状况

西方有细节决定成败的说法，我国也有管中窥豹的故事，所以企业的调查过程中一定要留意细节。具体如企业员工上下班的出勤情况和精神面貌，一家朝气蓬勃的企业，从上班那一刻起就可以判断它的活力。反之，对一家大面积存在员工和管理人员迟到的企业，在决定投资前一定要多打几个问号。不放过企业的洗手间和食堂，洗手间的整洁，可以从侧面反映员工的素质和他们的主人公意识，这说明企业的文化有很强的感染力，管理也规范，并且有一定的执行力，如果洗手间惨不忍睹，以上方面就要打问号了。食堂伙食没法简单地去评价好坏，但至少既不铺张浪费又要保证员工吃饱吃好，最好是找机会与企业的员工共同在食堂进餐一次，利用这种非正式的机会和员工交流。对于依靠人力资源和管理的企业，这是一定要走的步骤。从与员工的谈话中得到的信息，有时比企业管理者按照商业计划书准备的问题所带来的信息更能反映企业的问题。因为普通员工对企业的信心和态度往往反映了企业的核心竞争力。

3. 上下游客户和企业竞争对手是外访的重点

对项目企业的尽职调查还要包括其上下游客户，这种考察往往具有验证的性质。一般情况下，至少应该选择 4 个样本企业，即至少有两个上游供应商和两个下游客户。对供应商的调查主要集中于与企业的供应关系，合同的真实性、数量、期限和结算方式；对下游客户的考察除了对其与企业之间的销售合同相关资料进行核查外，还要看客户对企业产品的评价和营销方法。这不仅可以看到企业产品在市场上的竞争力，还可以通过调查发现企业产品改进的空间。对投资者来说，在企业的产品竞争力上，没有什么比客户的评价更能说明问题了。

对竞争对手的考察有时比对项目企业的调查还要有用，因此，要选择与企业相关度最高的 3 个以上的竞争对手作为样本，比较竞争对手与项目企业的优劣，发现项目企业的竞争优势和不足，考查企业的市场地位和产品占有率。

一般情况下的尽职调查报告内容如表 4 - 1 所示。

表 4 - 1　　　　　　　　　　　尽职调查报告内容一览

内容	具体阐述
公司简介	• 公司成立背景及情况介绍。 • 公司历史沿革。 • 公司成立以来股权结构的变化及增资和资产重组情况。 • 公司成立以来主要发展阶段，及每一阶段变化发展的原因。 • 公司成立以来业务发展、生产能力、盈利能力、销售数量、产品结构的主要变化情况。 • 公司对外投资情况，包括投资金额、投资比例、投资性质、投资收益等情况和被投资单位主要情况介绍。 • 公司员工状况，包括年龄结构、受教育程度结构、岗位分布结构和技术职称分布结构等。 • 董事、监事及高级管理人员的简历。 • 公司历年股利发放情况和公司现在的股利分配政策。 • 公司实施高级管理人员和职工持股计划情况等
组织结构	• 公司现有的组织管理结构。 • 公司章程。 • 公司董事会的构成，董事、高级管理人员和监事会成员在外兼职情况。 • 公司股东结构、主要股东情况介绍。属于自然人的，主要包括个人简介和持股比例；属于法人的，主要包括背景情况、股权比例、主要业务、注册资本、资产状况、盈利状况、经营范围和法定代表人等。 • 公司和上述主要股东业务往来情况。如原材料供应、合作研究开发产品、专利技术和知识产权共同使用、销售代理等，以及资金往来情况、有无关联交易、有无合同规范上述业务和资金往来及交易等。 • 公司主要股东对公司业务发展有哪些支持，包括资金、市场开拓、研究开发、技术投入等。

内容	具体阐述
组织结构	• 公司附属公司（工厂）的有关资料，包括名称、业务、资产状况、财务状况及收入和盈利状况、对外业务往来情况等。 • 控股子公司的有关资料，包括名称、业务、资产状况、财务状况及收入和盈利状况，对外业务往来情况，内部资金和业务往来情况。 • 公司与上述全资附属公司（工厂）、控股子公司在行政、销售、材料供应、人事上如何统一进行管理等。 • 主要参股公司情况介绍
供应商	• 公司在业务中所需的原材料种类及其他辅料，包括用途及在原材料需求中的比重。 • 上述原材料主要供应商的情况，公司有无与有关供应商签订长期供货合同，若有，需说明合同的主要条款。 • 列出各供应商所提供的原材料在公司采购中所占的比例。 • 公司主要外协厂商名单及基本情况，外协部件明细，外协模具明细及分布情况，各外协价格及供货周期，外协厂商资质认证情况等。 • 公司有无进口原材料，若有，需说明该进口原材料比重，国家对该进口原材料有无政策上的限制。 • 公司与原材料供应商交易的结算方式、有无信用交易。 • 公司对主要能源的消耗情况
业务和产品	• 公司目前所从事的主要业务及业务描述，各业务在整个业务收入中的重要性。 • 主要业务所处行业的背景资料。 • 该业务的发展前景。 • 主要业务近年来增长情况，包括销量、收入、市场份额、销售价格走势、各类产品在公司销售收入及利润中各自的比重。 • 公司产品系列，产品零部件构成细分及明细。 • 公司产品结构，分类介绍公司目前所生产主要产品情况和近年来销售情况、产品需求状况。 • 上述产品的产品质量、技术含量、功能和用途、应用的主要技术、技术性能指标、产品的竞争力等情况，以及针对的特定消费群体。 • 公司是否有专利产品，若有，公司有哪些保护性措施。 • 公司产品使用何种商标进行销售，上述商标是否为公司注册和独家使用。 • 上述产品所获得的主要奖励和荣誉称号。 • 公司对提高产品质量、提升产品档次、增强产品竞争力等方面将采取哪些措施。 • 公司新产品开发情况等
销售分析	• 公司产品国内外销售情况，市场开拓及销售网络的建立历程。 • 公司的主要客户，并介绍主要客户的有关情况，主要客户在公司销售总额中的比重，公司主要客户的地域分布状况。 • 公司产品国内主要销售地域，销售管理及销售网络分布情况。 • 公司产品国内外销售比例，外销主要国家和地区分布结构及比例。 • 公司是否有长期固定价格销售合同，若有，简要介绍合同的主要内容、执行价格、优惠条件和执行时效。 • 公司扩大销售的主要措施和营销手段。 • 销售人员的结构情况，包括人数、学历、工作经验、分工等。

续表

内容	具体阐述
销售分析	• 公司对销售人员的主要激励措施。 • 公司的广告策略简介，广告的主要媒体及在每一媒体上广告费用支出比例，公司每年广告费用总支出数额及增长情况，广告费用总支出占公司费用总支出的比例。 • 公司在国内外市场上主要竞争对手名单及主要竞争对手介绍，公司和主要竞争对手在国内外市场上各自所占的市场比例。 • 公司为消费者提供哪些售后服务，具体怎样安排。 • 公司的赊销期限一般多长，赊销部分占销售总额的比例多大，历史上是否发生过坏账，每年实际坏账金额占应收账款的比例如何，主要赊销客户的情况及信誉介绍。 • 公司是否拥有进出口权，若无，则公司主要委托哪家外贸公司代理，该外贸公司主要情况介绍。 • 我国加入 WTO 后，对公司产品有哪些影响
研究与开发	• 公司研究部门介绍，包括成立的时间、研究开发实力、已经取得的研究开发成果、主要研究设备、研究开发手段、研究开发程序、研究开发组织管理结构等。 • 公司技术开发人员的结构，工程师和主要技术开发人员的简历。 • 与公司合作的主要研究开发机构名单及合作开发情况，合作单位主要情况介绍。 • 公司目前自主拥有的主要专利及专利技术、自主知识产权，包括名称、用途、应用情况、获奖情况等。 • 公司每年投入的研究开发费用及占公司营业收入比例。 • 公司目前正在研究开发的新技术及新产品有哪些。 • 公司新产品的开发周期。 • 未来计划研究开发的新技术和新产品
固定资产和经营设施	• 公司主要固定资产的构成情况，包括主要设备名称、原值、净值、数量、使用及折旧情况、技术先进程度。 • 按照生产经营用途、辅助生产经营用途、非生产经营用途、办公用途、运输用途和其他用途分类，说明固定资产分布情况。 • 公司所拥有的房屋、建筑物等物业设施情况，包括建筑面积、占地面积、原值、净值、折旧情况以及取得方式。 • 公司目前主要在建工程情况，包括名称、投资计划、建设周期、开工日期、竣工日期、进展情况以及是否得到政府部门的许可。 • 公司目前所拥有土地的性质、面积、市场价格、取得方式和当时的购买价格（租赁价格）
财务分析	• 公司收入、利润来源及构成。 • 公司主营业务成本构成情况，公司管理费用构成情况。 • 公司销售费用构成情况。 • 主营业务收入占总收入的比例。 • 公司主要支出的构成情况。 • 公司前三年应收账款周转率、存货周转率、流动比率、速动比率、净资产收益率、毛利率、资产负债比率等财务指标。 • 公司前三年资产负债表、利润及利润分配表。 • 对公司未来主要收入和支出有重大影响的因素有哪些。 • 公司目前执行的各种税率情况

内容	具体阐述
债权和债务	• 公司目前主要有哪些债权，该债权形成的原因。 • 公司目前主要的银行贷款，该贷款的金额、利率、期限、到期日及是否有逾期贷款。 • 公司对关联人（股东、员工、控股子公司）的借款情况。 • 公司对主要股东和其他公司及企业的借款进行担保及抵押情况
融资计划和使用安排	• 本次融资的资金拟投项目的主要情况介绍，包括项目可行性、立项情况、用途、投资总额、计划开工日期、项目背景资料、投资回收期、财务收益率、达产后每年销售收入和盈利情况。 • 拟投项目的技术含量、技术先进程度、未来市场发展前景和对整个公司发展的影响。 • 公司目前已经完成的主要投资项目有哪些，完成的主要投资项目情况介绍
行业背景介绍	• 介绍近年来行业发展的情况。 • 国家对该行业的有关产业政策、管理措施，及未来可能发生的政策变化。 • 该行业的市场竞争程度，同行业主要竞争对手的情况，包括年生产能力、年实际产量、年销售数量、销售收入、市场份额、在国内市场地位等。 • 国外该行业的发展情况。 • 国家现行相关政策对该行业的影响。 • 目前全国市场情况介绍，包括年需求量、年供给量、地域需求分布、地域供给分布、生产企业数量、是否受同类进口产品的竞争等
其他	• 公司现在所使用技术和生产工艺的先进程度、成熟程度、特点、性能和优势。 • 与同行业竞争对手相比，公司目前主要的经营优势、管理优势、竞争优势、市场优势和技术优势。 • 公司、公司主要股东和公司董事、高级管理人员目前有无涉及法律诉讼，若有，则说明对公司影响如何等
结论和建议	• 可供家族产业基金投资参考的项目总体评价、风险揭示、项目投资建议、交易框架等内容
附件	• 有利于说明尽职调查报告真实无误的所有原始资料、文本、数据、证照、记录等原件或复印件

第四节　投资建议书和决策程序

一、投资建议书

有了尽职调查小组提供的具有较高第三方法律效力的尽职调查报告以后，家族产业基金经营管理团队应该兵分两路：一路是对内——统一思想，向投资委员会建议进行投资；另一路是对外——开始与拟投资项目方进行沟通谈判，落实家族产业基金投资的细节。当然，这些都是建立在准备对项目进行投资的基础上。

为了向投资委员会建议进行投资，基金管理团队需要拟订一份投资建议书，并尽量制作成 PPT 文件，准备在召开投资项目表决会议时，向投资委员会进行说明。家族产业基金经营管理团队应结合该建议以及尽职调查报告的项目总体评价、风险提示、交易框架等内容，形成一份完整的新的投资建议书。投资建议书的内容应该包括项目主要信息、总体评价、风险揭示、交易框架设计、资本退出规划设计等五个部分。投资建议书的篇幅应该简明扼要，3000 字左右即可，制作成 PPT 文件大约 20 页，能够在 30 分钟内讲述完毕。具体内容包括以下五个方面。

1. 项目主要信息

实质是对商业计划书、尽职调查报告重要信息的复述。主要包括项目背景与团队介绍、组织结构与持股比例、产品与服务、市场需求分析、市场前景预测、主要固定资产和经营设施、盈利模式与财务分析、融资计划与使用方案等。

2. 项目总体评价

主要包括项目投资后的财务分析、盈利预测、行业展望、指标分析（包括净现值 NPV、内部收益率 IRR、投资回收周期、净现金流量等）、不确定性分析（包括盈亏平衡分析、敏感性分析等）等，得出公允评价、评级或评分（比如百分值）。

3. 项目风险分析

主要包括财务风险、市场风险、技术与知识产权风险、政策风险、法律风险等，务求客观真实。风险分析不等于希望放弃投资，正是由于对风险的充分预见，可能更加促使投资委员会决定投资。

4. 交易框架设计

划定股份交易时建议的股份单价、股份数量、股份比例的区间，即投资的上限和下限。设计风险控制措施与分期投资阶段、激励计划、入资方式、法律变更、行使股东权利的规划、管理人员派驻等。交易框架设计要有一定的弹性，便于投资委员会决策，也方便与项目融资方的沟通和谈判。

5. 资本退出的规划与设计

主要包括资本退出的方式设计、退出时间规划、预备方案设计（主要为股份回购)、资本退出时成本支出与收益预测等。资本退出规划与设计也需要有一定的弹性，以显得更加客观、公正、可行。

二、投资决策委员会审批

投资建议书撰写完毕，并制作好 PPT 文件，可以适时通知投资决策委员会，召开项目投资决策会议，对拟投资的项目进行表决。

投资决策委员会一般 5 ~ 7 人（已知的最多的决策委员会人数为 12 人），主要由家族产业基金的高级管理人员（如普通合伙人、基金经营管理团队的负责人）和外部行业专家构成。有些投资机构里，投资决策委员会成员还包含了出资额较大的前几名出资人。

(一) 决策程序

(1) 项目陈述。由家族产业基金经营管理团队的拟投资项目小组负责人——项目经理进行项目陈述，陈述的内容即投资建议书内容，辅助必要的 PPT 文件演示，并论及尽职调查的过程和调查小组成员构成，使投资决策委员会对于项目的接洽过程也有足够的了解。

(2) 项目答辩。投资决策委员会在听取了项目经理所作的项目陈述之后，就所关心的问题和不明白的问题向项目经理提问，项目经理作进一步阐述。

(3) 投资决策委员会磋商。在听取项目经理的陈述和答辩之后，投资决策委员会应该进行一个内部的磋商和沟通，项目经理应该回避。当然，在此过程中，可能就关心的重点问题，与项目经理进行进一步交流。

(4) 投资决策委员会投票表决。投资决策委员会每一位委员都有赞成、反对投资和弃权的权利，经过充分商讨后作出自己的表决。

(二) 决策机制

投资的决策机制就是比较最后的投票结果。一般来说，家族产业基金投资一般会采用比较保守的方式，需要 2/3 的人通过，才能确定投资。

当然，不同的家族产业基金有不同的决策制度，比如有些家族产业基金就规定，投资委员会主任委员有一票通过权，但在投资金额特别巨大（超过一定数额）时不能采用或在使用次数上有限制。

(三) 投资决策委员会的过程记录

投资决策委员会成员一般情况下无须对投资决策意见造成的损失承担责任，

除非投资项目的投资决定由投资决策委员会使用特别程序通过（如一票通过权）。

但为保证每个委员对项目的意见得到完整记录，对投资决策委员会每一步程序、每个程序中每个人的言论都应当记录在案并经当事人核对后签字确认，由投资管理部备案。

（四）投资决策委员会成员的增减规定

经过全体有限合伙人和普通合伙人共同推举，可以对投资决策委员会的成员进行增减，但是，为保证投资决策委员会成员独立性不受到任何侵害，对增加的委员必须有充分的依据证明该委员有能力履行投资决策委员会成员的权利和义务，对减少的委员必须有充分的证据证明该名委员已丧失履行投资决策委员会成员权利和义务的能力或者在过去的投资决策委员会中未保持中立、专业和勤勉的操守。

第五节　交易结构设计

家族产业基金机构进行交易结构设计通常以条款清单的形式作为载体。条款清单是指家族产业基金投资公司给寻求投资的公司的一个投资意向书，它概括了家族产业基金投资公司对投资交易所建议的主要条款，包括股份类别、估值条款、分红条款、清算优先权条款、反摊薄股权条款、股票转让限制条款、赎回权条款、董事会席位条款等。

一、交易结构概述

条款清单主要有两个功能：第一，概括了财务和法律条款；第二，对交易的价值或投资方式进行量化说明。一旦起草以后，条款清单就表达了投资人的投资意向。如果受资企业和投资者双方都对条款满意，条款清单就作为起草正式法律文件或修改公司章程的一个基础。

从技术上讲，条款清单并不是具有法律约束力的文件。但从合同法的角度讲，双方都有潜在的义务本着诚信的原则来谈判。尽管它没有法律效力，但是说出来的话代表一个人的信誉，从这个意义上讲，条款清单代表双方同意就达成的条款来往下进行投资交易。投资人越有信誉，受资企业越有品德，条款清单就越有可能一成不变地保留到交易的结束，同时对双方具有约束力。

　　另外，条款清单常常会具有排他条款。这就要求受资企业一旦接受了某个投资人的条款清单，就不能要求其他的投资公司出竞争性的条款清单。

　　条款清单重要条款及其解释如表4-2所示。

表4-2　　　　　　　　　　　　条款清单重要条款及其解释

条款	解释
股份类别	• 家族产业基金通常会要求以优先股的形式投资于公司。 • 优先股指拥有红利分配和清算优先权的股份。 • 每轮新融资的投资者通常会要求优先于原股份的股权类别，这种操作的原因在于每轮融资的风险、估值和市场环境的不同。 • 如法律禁止设立多类别股份，可以通过公司章程条款/协议实现
估值与业绩指标	• 一般采用融资前估值（pre-money valuation）与完全摊薄股份数来确定认购价格。 • 投资者可能会采取分期投资，公司达到业绩指标时，后续投资会根据认购协议跟进。 • 认购协议有时也设立棘轮条款（ratchet），约定达到业绩指标时特定投资者或创始人的股份奖励或退出时的收益水平
红利优先权	• 风险投资对象通常是创业企业，通常将利润全部进行再投资，因而很少有现金红利支付。 • 某些情况下，可能会设定累积红利条款，优先股股东将获得累积红利，但在退出时支付。 • 在优先股转换成普通股时，累积红利通常会转换成股本。 • 优先股股东通常也会有权按比例获得普通股红利的一部分。 • 某些基金会设定累进红利机制，在公司未能支付红利时，累积红利数额将以更快的速度增加
清算优先权	• 优先股股东通常要求在退出时获得一定金额的优先偿付。 • 清算优先权可以以完全/简单参与形式（fully/simple participating）出现
股份赎回	• 基金可能要求公司在特定情况下赎回股份，如投资5年后无IPO。 • 赎回权使得基金可以收回部分投资。 • 如公司未能履行义务，则这些股东可以获得额外红利。 • 在法律不允许赎回时，可以设定针对创始人的认沽期来实现
股份转换	• 如基金以优先股方式投资，通常要求随时转换成普通股的权利。 • 初始的转换比例一般为1:1，之后会由于摊薄而不断调整。 • 通常基金会等到退出时才执行转换权，以避免失去优先股权利。 • 基金会对自动转换的前提条件作出要求（如特定交易所上市、特定承销人、IPO价格、筹资规模等）
摊薄条款	• 在后续融资价格低于之前价格（down round）时，基金会要求以零价格或名义价格获得相应新股，使投资成本与后续融资相等。 • 新股数量一般是按照特定公式计算，在棘轮条款下，基金将可以在后续融资中至少维持原始投资的价值或股份比例。 • 基金也可以通过调整优先股的转换比例，送红股或认购期权来实现反摊薄的目的

条款	解释
优先购买权	• 基金通常要求拥有后续发行股份的优先购买权（类似配股权）。 • 某些新股发行（如摊薄条款/员工期权）不会触发优先购买权。 • 基金也会要求拥有其他投资者股份出售时的优先购买权（ROFR）。 • 优先购买权的存在可能会降低公司股份的流动性，增加出售需要的时间
陈述和保证	• 投资者需要创始人和公司高层就公司状况作出一定陈述和保证，以此作为投资的前提。 • 陈述和保证的范围一般包括公司的股本细节、财务报表、商业计划、资产（尤其是知识产权）、重大合同以及诉讼法律事项。 • 创始人和公司高层一般会要求某些事项（如特定资产）豁免保证义务。 • 如果违反保证义务，创始人和公司高层的报酬可能会相应减少
共同出售条款	• 共同出售/强制收购：在某投资者认购股份超过一定比例时，所有股东都有义务将股份出售给此投资者。 • 在公司前期融资阶段，共同出售条款的触发需要多数股东同意。 • 基金通常要求某些情况豁免共同出售条款，如收购的支付手段，或要求对收购者进行一定约束
保护条款和同意权	• 公司的某些重大事件可能需要同一类别股份的多数同意，以此保护这类股东的权利。 • 此类重大事件一般包括：股份类别或股份权利的变动、资本结构变化、新股发行、并购事件、重大资产出售、高层变动或商业计划的重大变化等
信息权	• 股东有权定期获得公司最新财务信息（审计/非审计）和业务信息等
董事会列席	• 基金通常会要求董事会有一定数量（可能多数）的非执行董事。 • 董事会通常会设立薪酬委员会和审计委员会来决定公司政策。 • 董事责任可能与其作为投资者代表的责任相互冲突，如何处理？ • 由于利益冲突问题，某些情况下基金不能指派其代表担任董事，此时可能会指派代表列席董事会（无投票权）
保密协议	• 基金和被投资公司信息的交换需要建立在保密协议的基础上。 • 保密协议会在投资意向出现时签订，或在条款清单里出现
前提条件	• 条款清单的履行需要交易满足协议的前提条件。 • 前提条件通常包括法律文件的签订、尽职调查结果以及基金投资委员会的批准等，如果是上市基金可能还会有税收前提条件
知识产权安排协议	• 该协议确保员工在工作中获得的知识产权归属公司
竞业禁止协议	• 该协议禁止公司高层或创始人在离职后一段时间内从事与公司竞争的工作

二、对赌协议及其治理效应

（一）对赌协议概念

对赌协议也称"估值调整机制（valuation adjustment mechanism，VAM）"，是投融资双方为了达成一致协议而附加的对未来不确定情况的约定，使得双方在约定时间到期后可以根据企业的实际绩效对原本的投融资条件进行调整。

对赌协议最早是在国外企业并购盛行的背景下提出来的，但无论是在被称为"美国风险投资大本营"的加州硅谷，还是在国外学术研究中都没有关于"对赌协议"或者"估值调整机制"的专门术语，而是以"earn-out"或"contingent con-tract"的形式被企业家广泛使用，且巴泽尔曼和吉莱斯皮（Bazerman and Gillespie，1999）认为，这样的合同通常被视为赌博。与对赌协议类似，在这样的契约中，投标人事先只须支付一部分费用，余下的则要推迟到目标公司实现确定的业绩目标之后再行支付，这使得当目标公司未来更多地与价值相关的信息变得可用时，买卖双方可以重新对企业价值进行评估。

对赌协议自 2003 年被引入中国以来，已经被广泛应用于资本领域，据挖贝网统计，2015 年和 2016 年披露对赌协议的新三板企业分别为 128 家、120 家，截至 2017 年 11 月 6 日，这一数据已达到 238 家，比去年翻了将近 1 倍。Choice 数据显示，2017 年 A 股定增重组、并购重组交易中涉及的对赌协议有 500 余份。

在对赌协议日渐成为企业并购标配条款的背景下，证监会《上市公司重大资产重组管理办法》（以下简称《重组办法》）对其有详细规定。2008 年 5 月 18 日，首次以法规形式要求交易双方进行业绩承诺（第 53 号令）；2011 年《重组办法》（第 73 号令）允许上市公司以股份购买非关联第三方资产，且采用收益现值法等进行估值的必须签订对赌协议，即非关联并购中，对双方签订对赌协议具有强制性。在强制对赌政策实行三年后②，仍然存在双方违背承诺、无视法律约束等问题。例如，蓝色光标 - 博杰广告对赌悬案、美盈森 - 金之彩诉讼案等。鉴于此，2014 年 11 月 23 日的《重组办法》（第 109 号令）允许非关联的并购双方自行协商签订对赌协议，取消股权购买的门槛限制（以下简称"对赌新规"），鼓励上市公司以股权形式进行非关联并购。

对赌协议被广泛应用于上市公司的并购交易中，引入该机制的初衷是为了弥合收购方与售股股东对标的公司未来发展情况的意见分歧，由售股股东向收购方承诺在未来一定期间内实现某个业绩目标（通常是某种口径的净利润），如果无法实现则以现金或股份向收购方做出补偿。

（二）对赌协议案例

1. 摩根士丹利投资蒙牛的对赌协议（2003 年）

（1）如 2004 ~ 2006 年蒙牛乳业盈利年复合增长率超过 50%，摩根士丹利、鼎晖和英联将向蒙牛管理团队转让 7830 万股蒙牛股份。

（2）如 2004 ~ 2006 年蒙牛乳业盈利年复合增长率未达到 50%，蒙牛管理团队向摩根士丹利、鼎晖和英联转让 7830 万股蒙牛股份或支付对应的现金。

2. 摩根士丹利投资上海永乐的对赌协议（2005 年）

（1）如果永乐 2007 年（可延至 2008 年或 2009 年）的净利润高于 7.5 亿元人民币，外资股东将向永乐管理层转让 4697.38 万股永乐股份。

（2）如果净利润等于或低于 6.75 亿元，永乐管理层将向外资股东转让 4697.38 万股永乐股份。

（3）如果净利润不高于 6 亿元，永乐管理层将向外资股东转让的股份最多将达到 9394.76 万股，相当于永乐上市后已发行股本总数（不计行使超额配股权）的 4.1% 左右。

3. 徐工对赌协议（2006 年）

（1）如徐工机械 2006 年经常性 EBITDA 达到约定数额，则凯雷收购徐工 85% 股份的价格为 3.15 亿美元。

（2）如徐工机械 2006 年经常性 EBITDA 达不到约定数额，则凯雷收购徐工 85% 股份的价格为 2.55 亿美元。

（三）签订动机

实证研究发现，用来代理信息不对称的交易特征变量和公司特征变量会显著影响对赌方式的使用。当交易中存在较严重的信息不对称问题时，收购方倾向于采用对赌方式，表现在：交易金额较大、目标公司是私人企业或分支机构、收购方的业务不在中国、目标公司所处的行业"无形资产相对丰富"时收购方采用对赌支付的概率较高（陈玉罡和刘彪，2018）。

对赌支付方式的出现源于为减少或降低并购双方之间的信息不对称和估值风险，为并购双方创造更大的价值，因而信息不对称（Asymmetric Information）为对赌研究提供了理论基石。巴伯普洛斯（Barbopoulos et al.，2012）对"对赌"

进行了清晰的解释和分析，其指出，对赌是由两阶段支付构成的并购方式：第一阶段是给目标方固定的支付，可以是现金、股票或者两种方式的混合体；第二阶段则是并购后的或有条件支付（Contingent Payment），这一阶段的支付取决于目标方是否达到并购双方预先设定的业绩测度标准，如现金流、销售收入、股价、投资收益率等。因此，对赌也可以被称为递延对价（Deferred Consideration）。

梅耶斯（Myers et al.，1984）将不对称信息纳入研究，指出在一个信息不对称的世界里，并购方对不同融资支付方式的选择可能向市场的投资者传递了关于公司价值的有用信息：现金支付表明收购方现金充裕，股票支付则暗示收购方可能缺乏足够的内部资金来源。汉森（Hansen，1987）建立了理论模型来分析并购中支付方式的选择问题，他指出，收购公司和目标公司对各自的真实价值拥有私人信息时，兼并过程中会存在逆向选择问题，而通过支付方式的设计可以适当地避免逆向选择。若目标公司更了解企业价值，则收购方会选择股票支付方式而不是现金方式进行并购；若并购双方都存在信息不对称，则目标公司可以根据收购方提供的收购方式和一定数量的股票支付确定收购方的实际价值，从而实现交易双方的信息均衡。特拉弗洛斯（Travlos，1987）对现金并购和股票并购给收购方带来的收益差异进行了证明，结果发现，不同的收购支付方式对收购公司在并购宣告日的累积异常收益的影响存在显著差异：纯股票互换会给收购方股东带来显著为负的累积异常收益，而现金收购则可以为公司股东创造正的累积异常收益。拉弗伦（Laughran et al.，1997）的研究结果也表明，在现金支付的要约收购中，收购公司的股票超额收益大于与其匹配的其他公司的股票超额收益；而在换股并购（股票支付）的兼并中，收购公司的股票超额收益小于与其匹配的其他公司的股票超额收益。

为什么现金并购与换股并购会对收购公司的股票超额收益产生不同的影响呢？信号理论提供了一个较好的解释。信号理论认为，企业并购活动中不同的支付方式向外部投资者传递着公司的某种价值信息，会间接影响收购方在并购中的收益。支付方式的选择揭示了未来的投资机会或现金流量状况。当并购公司通过股票支付方式收购目标公司时，会向市场传递收购公司股票被高估的信号，即收购公司的管理层在公司股票被高估时倾向于采用股票方式收购。信号理论成为解释股票支付和现金支付导致收购方价值差异的重要理论基础。施莱佛（Shleifer et al.，2003）也通过模型实证了股价驱动型的并购，他们认为金融市场是非有效的和非理性的，一部分企业价值被错误低估，一部分企业价值被高估，理性的管理者会利用资本市场的非理性，在企业价值被高估时选择股票支付方式兼并价值被低估的企业。不过，赛沃（Savor et al.，2009）指出，上述研究仅仅证明了股票支付对收购公司的股东财富存在短期不利的影响，而无法证明股票支付对股东的长期影响。他们认为，应通过"自然实验"来比较采用股票支付成功完成收购的实验组与采用股票支付但未成功完成收购的匹配组的长期业绩。如果前者的长期业绩高于后者，则说明股票支付对收购方股东的长期影响是有利的。他们的研究结果表明，价值高估的企业用股票进行支付会为长期股东创造价值。宋希亮等（2008）得到的结论却相反，他们以1998~2007年沪深两市发生23个换股并购的上市公司为研究对象，分别采用累积超常收益（CAR）与连续持有超常收益（BHAR）考察了换股并购的短期与长期绩效。结果表明，短期内收购公司股东获得了正的累积超常收益；但长期内大多数收购公司股东遭受了显著的财富损失。除此之外，李善民等（2009）以2006~2008年中国资本市场上发生的572个并购事件为研究对象，分析了上市公司并购支付方式选择的影响因素。结果表明，信息不对称和收购公司财务状况显著地影响并购支付方式的选择，而收购公司的控制权、股价表现和成长性都没有显著影响。在关联并购中，控股股东没有出于控制权考虑而选择支付方式，而由于控股股东拥有信息优势，收购公司与目标公司之间的信息不对称程度减轻，关联并购中更加倾向于使用股票支付。

（四）对赌协议的治理效果

不同的企业签订对赌协议后有不同的结果，对赌成功者，如蒙牛、雨润食品等企业得以快速发展，投资方也收获丰厚的资本增值回报；对赌失败者，如永乐电器、太子奶、俏江南等则创始人离职、企业严重亏损甚至被收购。拉戈齐诺和鲁厄（Ragozzino and Reuer，2009）认为，由于这样的契约将过度支付的风险由信息较少的并购方转移到了被并购方，因而可以有效减少并购中的逆向选择问题。尽管具有上述优点，卡赛里（Caselli，2006）的研究发现，分期支付以及监管所带来的低效率和缔约成本可能会限制此类协议的使用。凯恩（Cain，2014）又通过实证研究表明，在并购中，使用此协议最多的往往是那些企业价值具有较高不确定性的标的企业，如标的企业是子公司或者私人所有（没有市场价格作为参考基准），或者是服务、高科技类型的企业（两者未来前景都具有高度不确定性），这无疑加大了资方的投资风险。甚至瓦伦哥（Viarengo，2015）认为，对赌协议产生的根源就在于投、融资双方对企业未来价值判断的不一致，而鉴于结果验证的复杂性以及管理者潜在的道德风险，投资方提起法律诉讼的情况比获得赔偿的情况更常见，因此，此类协议在国外资本市场上越来越不受欢迎。

科厄斯（Kohers et al.，2000）利用1984～1996年美国938个使用对赌的并购样本，分析了收购方在并购日的收益和并购后的绩效，以及使用对赌方式进行并购的特点。结果发现，对赌起到了两方面的作用：一是风险降低机制，有助于收购方降低对目标公司的不对称信息估值风险；二是保留目标公司的原管理团队。正因如此，收购方在收购日获得了正的累积超额收益，并且并购后3年里绩效为正。达塔尔（Datar et al.，2001）通过检验逆向选择和代理成本对支付方式的影响，考察了影响对赌并购收益的因素。研究发现，目标公司的私有信息程度越高，收购方支付的对价则更多取决于目标公司未来的绩效；同时，当目标公司属于规模较小的非上市公司，并且和收购公司处于不同行业时，收购方更有可能采用对赌方式。鲁厄（Reuer et al.，2004）从结构性合约的角度研究了跨国并购对赌中的作用，实证检验发现，对于缺乏国际并购经验的企业进行跨国并购，以及收购方跨国收购处于高科技、服务行业的公司时，采用对赌方式的可能性更大。即使用对赌的概率随着收购公司面临的不确定程度的提高而增加。凯恩（Cain et al.，2011）利用1994～2003年美国发生的25213起并购事件中采用了对赌的样本，基于对赌的三因素：对赌的潜在规模、对赌的期限和第二阶段的业绩测度指标，实证分析了对赌合约在并购中的作用。研究发现，对赌规模与目标公司价值不确定指标呈正相关关系；解决估值不确定性所需时间越长，对赌协议中约定的第二阶段期限也越长；合约中业绩测度标准的选择与选定的指标所能传递的信息及指标的可测量性有关。从理论上支持了合理设定的对赌支付结构可以减少估值不确定性和道德风险，最小化并购中估值不确定和道德风险造成的成本。巴伯普洛斯（Barbopoulos et al.，2012）利用1986～2008年英国发生的并购数据，基于收购公司角度考察了采用对赌支付和现金、股票等方式下收购方的并购日累积收益差异和并购后持有期绩效差异。研究表明，对赌支付方式给收购方股东带来的并购日累积收益和并购后持有收益远高于非对赌支付方式。

对赌支付方式不一定能给收购方股东带来财富效应；只有当对赌支付方式是最优支付方式且收购方选择了该种方式时，才能显著提高收购方的股东财富（陈玉罡和刘彪，2018）。

然而，最近一些"高估值、高承诺"的并购交易逐渐显现出投机、套利的迹象：一方面，股价高估的上市公司有强烈的动机利用市场时机扩大并购规模；另一方面，标的公司通过高业绩承诺得以高价出售，但业绩未达标时，所支付的补偿可能远远低于并购溢价，甚至不乏一些变更对赌条款、逃避补偿义务的案例。据广证恒生研报统计，A 股上市公司在 2017 年及之前结束对赌期的并购案例合计 247 起，47% 的企业在对赌结束的次年业绩出现滑坡，其中，21% 的企业业绩下降幅度超过 100%，近 55% 的企业业绩同比下降在 50% 以上，此外，11% 的企业在对赌期内业绩就已出现滑坡现象。这些业绩未达标的公司中越来越多地出现了修改对赌条款的情形，如将逐年对赌改为累计对赌、变更或延长对赌期限、一次性补偿改为分期付款等。如果上市公司盲目追逐股价高估的市场时机并购高业绩承诺的标的公司，而约定的业绩又无法实现，将会加剧自身的风险。

关静怡和刘娥平（2015）的研究发现，股价高估的上市公司存在迎合市场情绪的现象，对高承诺增长的标的公司存在较大偏好，在股份支付时还会通过正向应计盈余管理、降低会计稳健性、发布过度乐观的盈利预测来主动创造股价高估的市场时机，以便在并购支付中抢占有利地位，降低过度支付风险。然而，承诺增长率越高，业绩实现情况却越差，特别是在收购方委托代理问题严重的情况下，这种负相关关系更为明显。这意味着上市公司的管理层在股价高估的驱动下，并没有妥善地对标的公司执行估值程序，而是盲目轻信其业绩承诺，甚至将收购高承诺资产当作获取私人收益的掏空渠道，最终影响并购后的绩效。

胡援成和肖永明（2017）的研究发现，业绩对赌契约机制对并购市盈率具有一定抑制作用，在较大概率上能够保证实现盈利承诺期内的业绩对赌目标，总体上是可靠的。但该机制也容易激发经营者的短视行为，承诺期满后并购标的盈利能力难以持续。

并购中引入对赌协议可以显著提高双方的协同效应和并购溢价，但降低了收购方的股东利益。相比强制对赌，自愿对赌平滑了对赌协议对收购方短期绩效的正向作用，自愿不对赌改善了收购方的股东利益。进一步研究发现，"对赌新规"能够提高对赌成功时收购方的长期绩效。对赌协议的市场化改革有效避免了企业为追求短期收益盲目对赌，更加强调企业的自主选择权（郑忱阳，2019）。

第六节　目标企业价值评估

确定被投资企业价值是整个家族产业基金投资过程中最为重要、最易引起争议也最体现谈判者智慧的环节。目前，可以作为家族产业基金投资定价依据或参考的估价方法或模型主要包括以下三种。

（1）市盈率估价法（PE 法）：企业价值 = 净利润 × 市盈率倍数。

（2）市净率估价法（PB 法）：企业价值 = 账面净资产 × 市净率倍数，这种方法尤其是针对重资产型的公司使用。

（3）现金流折现法（DCF 法）：预测公司未来自由现金流、资本成本，对公司未来自由现金流进行贴现，公司价值即为未来现金流的现值。这种估值方法比较适用于较为成熟、偏后期的拟上市公司。

在实践操作中，以市盈率法计算家族产业基金投资价格是目前最为普遍的估价方法。同时，为了尽可能降低投资的风险，大部分家族产业基金要求在投资协议中加入一系列限制性条款，例如可转债股权、可转股债权、优先股、业绩奖惩条例、分阶段投资等。

所谓市盈率，是指在一个考察期（通常为 12 个月的时间）内股票的价格和每股收益的比例，即：市盈率 = 普通股每股市场价格 ÷ 普通股每年每股盈利。利用市盈率法估计企业价值，进而判断家族产业基金投入企业的资本所应该占有的股份比例，一般可以按照以下方式操作。

一、确定市盈率

一般地，被投资企业的市盈率通常选择与目标企业有可比性的几家上市企业的平均市盈率或者是该企业所属行业的平均市盈率。实践中，家族产业基金比较倾向于使用同行业的加权市盈率，同时根据企业产品的技术含量、企业管理层的整体素质和能力、行业所属特点以及未来市场竞争状况，再对该加权市盈率打个折扣。

二、确定预期收益

企业商业计划书中的财务说明部分都含有预期收益的预测，但是家族产业基金不会完全认同这种企业单方面的财务预测。相反，家族产业基金将从维护自身利益的根本原则出发，确定一个自己认为适当而合理的预期收益。这里需要注意的一个问题是，如果假定企业的预期收益是五年之后已经完成上市时的上市公司净收益，这时所对应的总股本则是包括了企业在上市时对公众发行的股份数以及在上市前设计的管理层期权的股份数，而不仅仅是原来最初的企业股本。

三、确定企业未来价值

假设经过企业与家族产业基金的谈判，最后双方接受的市盈率为 25%，五年后的预期收益，即五年后的企业净利润是 1500 万元，那么该企业五年后的市值则为 37500 万元。

四、确定内部回报率

内部回报率（IRR）是家族产业基金判断是否应该投资于特定项目的一个至为关键的财务工具。它是指资金流入现值总额与资金流出现值总额相等、净现值等于零时的折现率，在一定意义上也可以被理解为贴现率。

实践中，家族产业基金将按照所投资企业的类型以及该企业所处的发展阶段，具体确定预期的内部收益率。表 4 - 3 可以作为企业了解家族产业基金确定内部收益率的一个参考。

表 4 - 3 　　　　　　家族产业基金对不同投资阶段预期的内部收益率

投资阶段	预期的内部收益率（%）
种子期	50 以上
进入成长期	40 ~ 60
成长期	35 ~ 50
扩张期	30 ~ 45
IPO 前	30 ~ 40
IPO 阶段	25 ~ 35

数据来源：清科研究院。

同样地，一些企业家往往喜欢使用几年之后可以给家族产业基金几倍回报来形容项目的优良。表 4 - 4 反映了相同年数不同回报倍数的内部收益率情况。

表 4 - 4　　　　　相同年数不同回报倍数的内部收益率情况

投资回报承诺	内部收益率（%）
5 年变为 2 倍	15
5 年变为 3 倍	25
5 年变为 4 倍	38
5 年变为 5 倍	48
5 年变为 6 倍	59

数据来源：清科研究院。

五、确定企业净现值

假设在五年期的家族产业基金投资中，家族产业基金与企业协商之后确定的内部收益率为 40%，那么企业的净现值 = 企业未来价值/（1 + 内部收益率）^{5} = 37500/（1 + 40%）^{5} = 6972.54（万元）。

六、调整为企业上市之前的净现值

正如前述，我们在前面设定的企业五年期的预期收益是包括了企业在上市时对公众发行的股份数以及在上市前设计的管理层期权股份数在内的总股份对企业的贡献。为此，计算家族产业基金在投资企业时的股权比例时，应该将企业净现值调整为去除该两部分所占净现值之后的企业上市之前的净现值。

假设企业在上市之前设定了 10% 的管理层期权，在上市时向社会公开发行的流通股占总股本的 30%，那么企业上市之前的净现值 = 6972.54/（1 + 10%）/（1 + 30%）= 4875.90（万元）。

七、确定家族产业基金投资所占的股权比例

假设家族产业基金愿意投入企业 2000 万元，那么该企业的融资前股价 = 4875.90 - 2000 = 2875.90（万元），而家族产业基金所占的股权比例 = 2000/4875.90 = 41%。

从以上分析中可以看出，家族产业基金使用市盈率法来计算企业价值时，真正起到决定性作用的因素是企业利润和增长率，即企业预期利润。

延伸阅读：估值与双边报价

在对目标企业进行投资的过程中，估值是站在投资方的立场，对于目标企业

而言，其在接受投资时通常也会报出自己的价格，有些优质企业甚至对投资方有所唐卡挑选。目标企业和投资方的报价和估值行为，也可以竞价拍卖的方式，作为世界上最古老的价格发现机制之一，拍卖的关键问题之一是设计一个合适的定价机制来分配商品。传统拍卖理论下研究信息不对称一方如何通过机制设计获取另一方的信息，以获取更多的交易剩余或者达成更高的交易效率（许宁和谢平，2019）。在双重身份拍卖中，在一方叫价机制中，一方的最优出价为对方对自己估价范围的 1/4，在双方出价，价高者得的情况下，与传统一级密封价格拍卖中，买方出价为其估价的 1/2 相比较，双重身份拍卖中，参与人出价略低。在多人参与的集中竞价交易中，如果交易双方按照均匀分布报价策略，则达成交易的概率为 3/8。

与传统参与人只能买或者卖不同，双重身份拍卖中，参与人既可以选择以适当的价格卖出，也可以选择以适当的价格买入，在此种情况下，参与人获得交易剩余的可能性更大，因而其报价行为表现的与传统拍卖存在一定的差异。如在一级密封价格拍卖中，其出价比传统一级密封价格拍卖更低。

第七节　目标企业财务分析

一、尽职调查中须重点关注的财务问题

1. 公司基本情况及历史沿革（关注股权形成的合法性及清晰性）

（1）高度关注公司设立过程中资本和股本形成的合规性，关注货币出资是否真实到位，是否存在抽逃出资的情形。涉及实物资产出资的，还应关注该资产是否经过评估，评估价值是否公允，产权转移手续是否完毕，未经过评估机构评估的，其作为出资的价值其他股东是否认可，是否出具过同意以此价值出资并且其他股东个人愿意承担以此带来的潜在的出资不实的风险。关注是否存在股权代持情形，是否存在程序瑕疵。设立时是否涉及集体资产量化给个人的情形，公司历史沿革中涉及国有及集体资产处置必须过程合法、权属合规，必须得到有关部门的确认文件，尤其是关注国有资产的流失问题。

（2）关注公司最近三年实际控制人是否发生变更，设立以来发生的股权转让情况，尤其涉及核心人员的持股转让。

（3）关注最近三年公司管理层及主营业务是否稳定。

（4）关注有多个子公司的情形，关注存在如亏损或经营相同业务的子公司设立的原因。

（5）关注公司设立以来是否受到过较为严重的行政处罚、是否发生过经济纠纷，是否已经在公司申报上市材料之前得到解除，不会影响公司 IPO 申报进程。

（6）公司股改，净资产折股过程中涉及的个人所得税公司是否已经代扣代缴，未代扣代缴的，是否已经获得当地税务部门的免缴或缓缴文件。

2. 公司经营模式及行业地位（关注是否对主营业务造成影响）

（1）关注公司所处行业的基本情况及发展阶段，判断是否属于高速成长期，是否存在进入壁垒及法律限制。

（2）最近三年的主要产品及产能、每种主要产品或服务的主要用途、主要产品的工艺流程；关键生产设备、关键设备的重置成本、先进性等；主要产品的主要原材料和能源供应及成本构成。

（3）主要产品的销售情况和产销率、主要消费群体、平均价格、主要销售市场、国内市场的占有率等。

（4）公司最近三年收入、利润在行业中的排名。

（5）公司产品的市场占有率。

（6）公司在行业中的竞争优势和劣势。

（7）公司所处行业的主要竞争对手情况。

3. 财务状况分析（关注偿债能力）

（1）关注公司财务状况、盈利能力、现金流量报告期内情况及未来趋势的主要特点及主要影响因素。

（2）资产负债的主要构成及重大变化分析、资产减值准备计提是否充足分析。

（3）偿债能力分析。各期经营活动产生的现金流量净额为负数或者远低于当期净利润的，应分析披露原因。

（4）资金周转能力分析。

（5）财务性投资分析，包括交易性金融资产、可供出售金融资产、借予他人款项、委托理财等。

（6）关注公司是否有表外的或有负债，获取公司的贷款卡信息，看是否有对外担保情况。

4. 盈利能力分析（关注成长性与持续盈利能力）

（1）营业收入构成及增减变动分析、季节性波动分析。

（2）利润来源分析，影响盈利能力连续性和稳定性的主要因素分析。

（3）经营成果变化的原因分析。

（4）主要产品销售价格、原材料及燃料价格频繁变动且影响较大的，就价格变动对利润的影响作敏感性分析。

（5）毛利率构成及重大变化分析。

（6）非经常性损益、合并财务报表范围以外的投资收益、少数股东权益的影响分析。

（7）IPO 申报报表剥离调整时关注：是否存在违背真实性和可验证性要求人为制造交易或调整交易价格；是否剥离不良经营性资产，是否忽视或掩盖资产减值对相关期间业绩的影响；期间费用的剥离是否过分强调可比性、忽视配比性；是否未完整反映收入相对应的全部成本；是否简单地将所得税罗列于原始会计报表中，虚增净利润。

5. 关联交易（最大的影响后果就是独立性问题）

（1）仔细核查公司所有关联方，包括但不限于控股股东及其近亲、持有公司 5% 以上股东及其近亲、公司高管及其近亲的情况。

（2）关注控股股东、实际控制人的生产经营状况和最近一年及一期的经营情况及主要财务数据。

（3）关注经常性和偶发性关联交易。

（4）特别关注交易价格的公允性，控股股东、实际控制人是否存在向公司输送利润情形。

（5）关注关联公司最近是否存在票据融资情况。

6. 税收政策（主要关注税收优惠依赖问题）

（1）公司目前需要交纳主要税种、税率情况享受的主要税收优惠政策是否合规。

（2）最近三年执行的税收优惠政策与国家法规政策是否相符，是否存在可能被追缴的风险。

（3）公司最近三年内有无税收方面的违法违规行为，是否受过税务部门处罚。

（4）公司的经营成果对于税收优惠是否存在重大依赖。

二、财务报表与财务分析指标

一般地，拟上市企业对外公布的报表主要是资产负债表、利润表（损益表）以及现金流量表，三者从不同角度反映企业的财务状况、经营成果和现金流量。在一般阅读时应注意以下五个方面。

（1）阅读注册会计师的鉴证意见，尤其要注意查账报告中注册会计师特别说明的内容部分；

（2）明确报表编制的报告日或报告期，明确报告的口径和范围；

（3）明确报表编制的方法；

（4）阅读报表各项目的填写情况；

（5）检查报表的钩稽关系等。

在分析财务报表时，通常应用到以下财务会计指标。

（1）盈利能力指标。包括净资产回报率、总资产回报率、毛利率、净利润率、EVA等。

净资产回报率（ROE）用于衡量资本投放的效率，如企业在投入资金和资源后得到多少的回报。净资产回报率＝净利润/股东权益。

总资产回报率（ROA）用于衡量资源的分配和调整的效率，如每元资产产生多少的回报。总资产回报率＝净利润/总资产。

毛利率（ROS毛）用于衡量每元销售可以进行固定成本和净利润分配的比率。毛利率＝毛利/销售收入。

净利率（ROS净）用于衡量每元销售对应的利润。毛利率＝净利润/销售收入。

经济增加值（EVA）用于衡量企业经济价值创造能力，是企业资本的回报扣除资本成本后的价值。EVA＝（资本投资回报率－加权平均资本成本率）×资本总量。

此外，了解企业的总体盈利情况还不够，还应通过了解盈利情况的组成部分来明白为什么能盈利和如何盈利。通过对净资产回报率这一指标进行分解，可以看出管理人员可以通过净利润率、资产周转率以及财务杠杆系数来影响净资产回报率。

$$净资产回报率 = \frac{净利润}{股东权益}$$

$$= \frac{净利润}{销售收入} \times \frac{销售收入}{股东权益}$$

$$= \frac{净利润}{销售收入} \times \frac{销售收入}{总资产} \times \frac{总资产}{股东权益}$$

$$= 净利润率 \times 总资产周转率 \times 财务杠杆系数$$

如图4-1所示,中间的三个指标表明了有哪些业务指标对于净资本回报率产生了重要的影响,下层的比率表明了对于资产负债表和损益表的内容的影响如何影响净资本回报率。

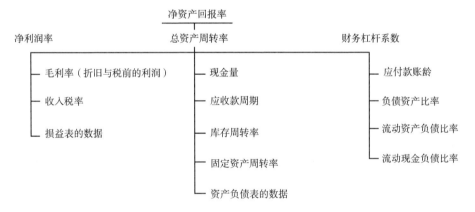

图4-1 对净资本回报率有重要影响的业务指标

(2)偿债能力指标。包括资产负债率、流动比率、速动比率。分析时要注意企业的实际情况,并进行同行业企业对比。

资产负债率用于衡量企业长期偿债能力,指标值越高,代表企业长期偿债能力越弱。资产负债率=负债总额/资产总额。

流动比率用于衡量企业流动资产在短期债务到期以前,可以变为现金用于偿还债务的能力,指标值越高,代表企业短期偿债能力越强。流动比率=流动资产/流动负债。

速动比率用于衡量企业流动资产中可以立即变现用于偿还流动负债的能力,指标值越高,代表企业短期偿债能力越强。速动比率=速动资产/流动负债。

（3）反映经营能力的指标。包括总资产周转率、应收账款周转率、存货周转率等。周转率越快，说明经营能力越强。

总资产周转率是指企业在一定时期业务收入净额同平均资产总额的比率，指标值越高，代表企业总资产周转能力越强。总资产周转率＝销售收入/平均资产总额。

应收账款周转率用于衡量一定期间内公司应收账款转为现金的平均次数，指标值越高，代表公司从获得应收账款的权利到收回款项、变成现金所需要的时间越短。应收账款周转率＝赊销收入净额/应收账款平均余额。

存货周转率用于衡量企业生产经营各环节中存货运营效率，即存货的流动性及存货资金占用量是否合理，指标值越高，代表企业存货的周转速度越快。存货周转率＝销货成本/平均存货余额。

在运用这些指标时，尤其要注意指标计算口径的合理性并理解指标计算的说明，必要时进行复算。

三、防范财务报表的作弊问题

1. 销售收入舞弊的分析性征兆

销售收入舞弊的征兆如表4-5所示。

表4-5 销售收入舞弊的征兆

序号	征兆
1	分析性复核表明对外报告的收入太高销售退回和销售折扣过低、坏账准备的计提明显不足
2	在对外报告的收入中，已收回现金的比例明显偏低
3	应收账款的增幅明显高于收入的增幅
4	在根据收入测算的经营规模不断扩大情况下，存货呈急剧下降趋势
5	当期确认的应收账款坏账准备占过去几年销售收入的比重明显过高
6	本期发生的退货占前期销售收入的比重明显偏高
7	销售收入与经营活动产生的现金流入呈背离趋势
8	与收入相关的交易没有完整和及时地加以记录，或者在交易金额、会计期间和分类方面记录明显不当
9	记录的收入缺乏凭证支持或销售交易未获恰当授权
10	最后时刻的收入调整极大地改善了当期的经营业绩
11	销售交易循环中的关键凭证"丢失"

续表

序号	征兆
12	未能提供用以证明收入的原始凭证，或以复印件代替原件的现象屡见不鲜
13	未能对银行存款往来调节表或其他调节表上的重大差异项目作出合理解释
14	销售收入和库存现金日记账存在明显的不平衡
15	与收入相关的记录（如应收款记录）与询证记录（如函证回函）存在异常差异
16	高管层逾越销售交易循环的内部控制
17	新客户、异常客户或大客户仍遵循惯常的客户审批程序
18	高管层或相关雇员对收入或收入异常现象的解释前后矛盾、含糊不清或令人难以置信
19	费用与收入比率异常，收入在大量增加的情况下费用反而减少或较少增长
20	毛利率与同行业上市公司比较严重偏高，或连续几年毛利率波动异常

2. 销售成本舞弊的分析性征兆

销售成本舞弊的征兆如表4－6所示。

表4－6　　　　　　　　　　　　**销售成本舞弊的征兆**

序号	征兆
1	分析性复核表明对外报告的销售成本太低或降幅太大、购买退回和购货折扣太高
2	分析性复核表明期末存货余额太高或增幅太大
3	与存货和销售成本相关的交易没有完整和及时地加以记录，或者在交易金额、会计期间和分类方面记录明显不当
4	记录的存货和销售成本缺乏凭证支持或与之相关的交易未获恰当授权
5	期末的存货和销售成本调整对当期的经营成果产生重大影响
6	存货和销售成本的关键凭证"丢失"
7	未能提供用以证明存货或销售成本的原始凭证，或只提供复印件
8	与销售成本相关的会计记录（如购货、销售、库存现金日记账）明显不相钩稽
9	存货和销售成本的会计记录与佐证证据（如存货实物盘存记录）存在异常差异
10	存货盘点数与存货记录数存在系统性差异
11	采购订单、采购发票、存货收入报告和存货记录之间存在不一致的现象
12	存货丢失或盘亏数量巨大
13	供应商的身份难以通过信用调查机构或其他渠道予以证实
14	新的或异常的供应商未遵循正常的审批程序
15	存货实物盘点制度薄弱
16	高管层或相关雇员对存货和销售成本的解释前后矛盾、含糊不清或令人难以置信

3. 负债和费用舞弊的分析性征兆

负债和费用舞弊的征兆如表 4 - 7 所示。

表 4 - 7 　　　　　　　　　　　　负债和费用舞弊的征兆

序号	征兆
1	期后事项分析表明，在下一会计期间支付的金额属于资产负债表日业已存在的负债，但未加以记录
2	存货盘点数超过存货会计记录数
3	仓库进出记录表明期末有验收入库的存货，但采购部门未能提供采购发票
4	供应商发货声明上载明的金额未体现在会计记录上
5	采购金额、数量和条件与询证函存在着重大差异，且未能调节一致
6	截止测试发现大量存货被归属于错误会计期间
7	未能提供雇员薪酬个人所得税代扣证明
8	有贷款但没有相应的利息支出，或有利息支出但未体现贷款
9	有租赁办公场所，但没有相应的租金支出
10	在会计期末编制了增加销售收入、减少预收账款的重分类分录
11	收入会计记录与客户函证存在重大差异
12	产品担保支出大大超过担保负债
13	将保证金记录为收入
14	董事会已批准的贷款在会计记录上未得到体现
15	银行回函上载明的贷款没有在会计记录上体现
16	银行对账单上出现巨额的贷项
17	董事会会议记录讨论的或有负债没有体现在会计记录上
18	监管部门的公函表明企业可能存在重大违法违规行为，但企业既未确认或有负债，也未在附注披露
19	企业与关联方的资金往来频繁，委托付款或委托收款现象突出
20	在收购兼并过程中未预提重组负债和重组费用
21	以前期间提取的重组负债在本期被用于冲减经营费用

4. 资产舞弊的分析性征兆

资产舞弊的征兆如表 4 - 8 所示。

表 4 - 8 　　　　　　　　　　　　资产舞弊的征兆

序号	征兆
1	缺乏正当理由对固定资产进行评估并将评估增减值调整入账
2	频繁进行非货币性资产置换
3	重大资产剥离

续表

序号	征兆
4	在某个会计期间计提了巨额的资产减值准备
5	注销的资产价值大大超过以前年度计提的减值准备
6	固定资产、在建工程和无形资产中包含了研究开发费用或广告促销费用
7	固定资产和在建工程当期增加额与经过批准的资本支出预算存在重大差异，且未能合理解释
8	缺乏正当理由将亏损子公司排除在合并报表之外
9	采用成本法反映亏损的被投资单位
10	经常将长期投资转让给关联方或与关联方置换
11	频繁与关联方发生经营资产买卖行为
12	固定资产和无形资产的折旧或摊销政策显失稳健
13	未能提供重要设备资产和土地资源有效的产权凭证
14	重大资产的购置或处置未经过恰当的授权批准程序
15	未建立有效的固定资产盘点制度
16	高管层或相关雇员对重大资产的解释前后矛盾、含糊不清或令人难以置信

四、财务调查的实践重点

1. 注重财务数据后面的本质

财务核数要看到财务报表背后的经营情况，这才是本质。会计数据的逻辑有时候并不能真实反映企业的实际经营状况，特别是看到有超越行业水平的"优异"财务指标时，私募股权投资必须在企业的商业模式、经营或管理上找到合理的解释，并辅以行业信息进行判断，否则就可能意味着企业的财务数据不真实。比如，高于行业的利润率，先要从其产品成本、价格或服务上找原因，如果没有，就要了解其具体的业务模式和管理水平，如果还没有合理解释，企业的利润率便很可能存在问题。此外，对于有的项目企业为了增加利润而不将费用入账的情况，仅从账册本身入手难以发现，这就需要在分析行业收入、费用配比的基础上，从业务规模、人员薪酬、销售方式、业务管理流程等方面去匡算其合理的费用。

2. 关注收入、现金流和货币资金账户

所有的私募股权投资都关心项目企业的利润，利润不仅是企业盈利能力的表现，还是投资者洽谈投资价格的依据。但千万不要忘记，利润是根据会计准则"算"出来的，它和企业的现金流入并无直接的关系。会计政策的选择和会计处

理方法的不同，会导致企业利润的不同。比如，不同折旧年限的选择、存货的不同计价方法等会计算出不同的利润；利润中可能包含政府补贴、税收优惠等很多非经常性损益的内容，把这些利润也乘上市盈率来对要投资的项目企业进行估值，肯定不合适。从这个角度讲，利润在很大程度上并不具备很好的可比性，息税折摊前的利润对评价企业真实的经营或许更具参考意义。从判断项目企业投资价值的角度看，利润表的第一行（收入）可能远比最后一行（利润）重要得多。收入是客户用真金白银给企业的投票，是最能反映企业价值的指标，很难想象一个企业收入持续增长却不赚钱。

此外，判断收入真实性的唯一重要依据是收入是否有真实现金流支持。在财务核数工作中，私募股权投资有时甚至要将收入、费用的确认基础从权责发生制调整到收付实现制，来验证企业的收入、费用、成本与现金流的配比，原因在于权责发生制虽然有利于业绩评估，却也常常为项目企业的会计造假所用。看资产负债表要特别关注项目企业的资产流动性，流动性越强的企业，财务弹性和盈利能力越好。

项目企业的经营性现金流是现金流量表中最重要的指标，如果企业有很大的销售量，但应收账款过大、经营性现金长期为负，就会出现有利润没有现金的尴尬情形。创造持续的现金流动能力是企业生命力和竞争力所在，只赚利润不赚钱的企业不是好企业，这些企业将会经常面临很多经营性的问题。

3. 关注财务数据是否违反常识

例如，美国浑水公司总裁布洛克发现狙击目标的主要研究思路就是：关注那些财务数据明显违反常识的公司，如市场占有率远低于竞争对手，但净利润却不比对手差。不得不承认，浑水公司通过常识来判断企业财务数据是否作假的方法，往往异常准确。

私募股权投资是经常创造神话的行业，不少投资案例的回报堪称奇迹，然而仔细分析这些案例就会发现，它们的超高回报并没有超越常识的范畴。这些年的经验告诉我们，判断项目时常识很重要，不少项目的失败就是在诱惑面前忘记了常识，而任何违背常识的东西都是不正常的。

在投资中，我们经常看到项目企业有很高的利润率，但是，除非企业有技术、成本、管理上的超高壁垒，否则高利润率很有可能有水分。一般情况下，对于销售利润率高于30%的数据，都需要予以特别关注，要用怀疑的目光识别财务数据背后可能的陷阱。此外，对远高于同行的财务指标需要十分小心，比别人聪明一点已经不太容易了，要聪明很多更是难上加难。

财务核数有时候要跳出数字本身，适度撇开会计报表，以经营者的立场看待项目企业的财务数据可能会更加清楚，企业家的经营逻辑就是判断会计报表数据真实与否的试剂。例如，项目企业不会做投入产出不对称的事，出现这种现象往往意味着资产的虚增；企业的高利润率一般意味着在产业链上拥有强势地位，在这种情况下，企业就会尽量占用上游客户的资金，而不给下游客户很长的赊账期，如果这两者背离，往往意味着其高利润率不真实。另外，对账期长于行业平均水平的应收账款要特别予以关注，企业不会轻易让客户拖欠货款，长期收不到款的收入基本是有问题的——或者是双方有纠纷，或者是发生坏账，甚至当初确认收入时就是虚构的。此外，项目企业也不会轻易库存过多的存货，除非该存货是稀缺或有呆滞的。因此，存货数量过大往往是高估利润的表现。

4. 关注除报表外的第三方数据

对项目企业真实经营情况进行判断，还要学会利用那些经过第三方验证的"硬数据"，也就是一些经常可能被忽视的非主流信息。这些信息对审计来说可能不是很重要，但对私募股权投资判断企业投资价值有着不小的参考意义。

通过工资表判断企业的人才竞争优势。将项目企业的员工薪酬与行业平均工资水平做比较，可以看出其吸引人才的能力，对于技术型企业，员工的报酬和相关的激励机制更是反映团队稳定性的重要指标。

通过水电费和运费单判断企业的生产、销售能力。对于制造型企业，水电费和运费是甄别其生产规模、产能、销售能力的试剂，漏税容易偷电难，这些水电费和运费等指标有时对判断企业的真实生产和销售情况比从营销入手更为有用和可靠。

通过银行借款判断企业的诚信度和财务弹性。企业如果对自己的发展有信心，其融资的首选一般是债务融资。因此，在企业有可抵押资产的情况下不选择银行融资是需要关注的，反过来，如果银行给予信用借款，那对企业素质的评价就可以加分，而一个从来没有产生逾期还款的企业是值得信任的。

通过供应商账期判断企业的行业竞争力。账期跟产业链地位有关系，跟项目企业本身也有关系，供应商会比较了解下游的客户，如果给予的账期高于或低于行业水平，都需要关注。

通过纳税判断企业的盈利能力。一般情况下，没有一个企业会在没有销售或利润的情况下去缴税，因此，完税证明是判断企业销售和利润最直接的方法。现阶段，在本土企业中，良好的纳税记录起码意味着企业还有成长空间。

第八节　投后管理

一、投后管理的概念和意义

为创业企业提供投后管理或增值服务，是家族产业基金投资不同于一般投资的重要特点。增值服务是指家族产业基金投资机构除了向创业企业提供资金外，更重要的是通过参与创业企业的管理为创业企业提供一系列旨在使企业价值增值的服务。提供增值服务能力和水平的高低，是衡量私募股权投资机构水平高低的重要标准。现代家族产业基金投资事业的发展，要求私募股权投资机构将自己定位于综合服务解决商的角色，要有对创业企业进行资源整合的能力，能为创业企业提供高质量的增值服务，如图4-2所示。

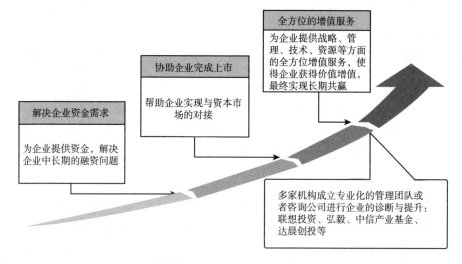

图4-2　全方位的增值服务成为私募股权投资机构重要的核心竞争力

家族产业基金投资是一件风险高、专业性强的事情，投资＋增值服务是这个行业的重要特点。增值服务能力也是私募股权投资行业的核心竞争力。在全球经济放缓和国内宏观环境日益复杂的背景下，原有那种以"投资＋上市服务"的模式需要向更深层次的增值服务模式转型。这对私募股权投资机构提出了新的要求，它们需要重新审视增值服务的重要性，提升投资管理的能力，包括加强对项目企业的经营环境、商业模式、法律环境的研究，帮助项目企业提高管理水平、管理层的执行力和道德水准。

二、投后管理的内容

为了尽可能地促进被投资企业的迅速成长，家族产业基金投资机构向企业投资后，通常会根据以往丰富的投资经验未雨绸缪，预见企业未来发展过程中可能出现的各种问题。企业经营管理常见的问题如表 4-9 所示。在企业遇到困难时提出对策和建议，并利用其长期积累的人脉资源，帮助被投企业解决问题，增加家族产业基金投资机构投资的成功率。

表 4-9　　　　　　　　　　企业经营管理常见的问题

问题	表现
股权	股权单一、股本较小、股本结构不理想
资产	资产规模偏小，资产结构不合理，有形资产较小、无形资产较大，流动资产不足
财务	缺乏健全的财务制度，缺乏合格的财务人员，缺乏有效的财务管理手段，财务工作未能在企业经营和管理中发挥出应有的作用
团队建设	经营团队单薄，骨干队伍不稳定，员工激励机制未形成，企业文化建设空白，员工培训、轮岗、考核、奖励等工作较弱
市场和营销模式	缺乏大量合格的营销人员，缺乏市场营销的健全网络，宣传和市场推广策略差，营销模式、资金回笼差
今后发展目标定位	缺乏明确的长远的发展目标，缺乏明确细分的市场定位

刘二丽（2008）以中国创业投资行业为背景对增值服务与被投资企业业绩关系进行分析研究。该研究的调研对象为创业投资机构中的投资经理及其最为熟悉的一家被投企业。通过对 143 份问卷的分析，得到增值服务是影响被投资企业成长绩效的重要因素。其中，战略支持、人力资源管理支持、后续融资支持对创业企业成长绩效有显著的正向影响；外部关系网络资源支持对创业企业竞争绩效有显著的正向影响，但对潜力绩效没有显著影响；生产运作支持对企业成长绩效没有显著影响。

在中国，许多创业团队都会告诉私募股权投资："除了钱，其他什么都不缺。"而在专业的私募股权投资看来，除了钱以外，创业企业普遍存在的问题是：

一缺规范；二缺人才；三缺战略。私募股权投资界有句经典的话："能用钱解决的问题，都不是问题。"其实，最令投资人头痛的是创业企业在管理，特别是在财务、税务管理上的不规范。许多业绩很好、行业前景非常不错的创业企业，可能就因为一个创业者这样或那样的"硬伤"而被私募股权投资放弃。即使是被投资人青睐而投资成功的项目，私募股权投资下功夫最多的也是如何让创业企业走上规范之路。

美国普通合伙人的年龄都很大，五六十岁很普遍，70多岁也不足为奇。这是美国私募股权投资行业多年来专业化发展的结果。专业的机构需要专业的人来管理。一方面，美国的养老金、保险资金和大学基金等长线资金进入私募股权投资行业后，需要寻找有经验的专业人士来管理；另一方面，美国许多普通合伙人都是行业和企业管理专家，他们做投资之前都在企业工作多年，具备丰富的创业、管理和上市等成功经验，特别是其多年积淀的行业经验和资源对于私募股权投资来讲是最宝贵的财富。这些成功人士做普通合伙人，除了投资并为创业企业提供上市辅导方面的增值服务外，还可以凭借经验为企业提供管理、战略等方面的深层增值服务。

不过相比之下，本土私募股权投资在改进项目企业的人才、管理、战略、市场拓展、资本运作等方面所提供的帮助还是比较少。为企业提供深层增值服务的能力以及对早期项目的判断能力，是本土普通合伙人与外资普通合伙人的一大差距所在。本土普通合伙人对行业和企业管理的经验积累都还不足，需要学习和提高，只有既会投资又能帮助企业改善管理、制定战略、提升业绩的私募股权投资才能保障投资项目的成长，从而获得超常业绩。

一般而言，除提供资本外，家族产业基金投资机构还可以在战略规划、公司治理、人力资源、外部资源整合、后续融资等方面为被投资企业提供各种增值服务。图4-3是2009年中国创业投资机构增值服务研究报告中调查的样本机构在各类具体增值服务内容上的平均相对投入。

家族产业基金投资机构为受资企业提供的增值服务主要包括以下九个方面。

1. 协助制定创业企业发展战略，协助整合战略资源，改进企业经营决策

发展战略对于一个企业非常重要，它是企业发展方向的重要指引。家族产业基金投资机构一般参与投资多个创业企业，对创业企业在发展过程中存在的一些共性的问题，处理起来经验相对丰富，因此，家族产业基金投资机构可以充分利

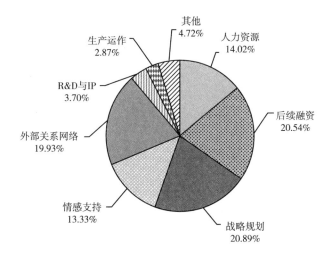

图 4 - 3 家族产业基金各类增值服务相对投入

注：R&D 与 IP 指研发与知识产权。

资料来源：中国科学院研究生管理学院和清科研究中心。

用自己这方面的经验，帮助企业家正确分析其内外部环境的形势，量身制定创业企业发展战略，协助其整合战略资源，改进企业经营，使得创业企业快速成长。

2. 协助规范创业企业公司治理，优化资产和负债结构

一般地，初创企业的公司治理结构不规范，也不重视股东会、董事会的规范运作，内部人控制现象非常严重。从企业发展的角度来讲，创业企业发展到一定阶段，规范合理的公司治理结构是企业做大做强的必备要素，家族产业基金投资机构协助创业企业规范优化公司治理是有利于创业企业健康发展的，可以促进创业企业决策体系的科学化、民主化。此外，风险投资的进入还会带来创业企业股权结构和资产负债结构的优化，可以增加创业企业资产的流动性，降低资产负债率，使资产结构得以优化。

3. 协助制定重要管理策略，规范和优化企业管理

家族产业基金投资机构利用自身的管理以及综合商务知识和经验，可以协助创业企业制定重要的管理策略。家族产业基金投资机构根据自身所长，可以协助创业企业规范和优化价值链各个环节的管理。这也是家族产业基金投资机构帮助创业企业逐步走向成熟的过程，体现了家族产业基金投资机构为企业提供增值服务的能力。

4. 为企业管理提供咨询诊断，协助企业建立良好形象

优秀的家族产业基金投资机构有能力为创业企业提供包括针对企业内部管

理、法律与公共关系等内容在内的管理咨询，这体现了风险投资后续管理对创业企业的参谋职能。此外，优秀的家族产业基金投资机构还可以帮助企业树立良好的企业形象。家族产业基金投资机构往往在社会上具有良好的形象，能被优秀家族产业基金投资机构选中投资的创业企业，会被社会认为具有较好的发展前途，因而，有助于提高创业企业在诸如市场营销活动、再融资活动、与银行讨论贷款等外部事务活动中的地位。

5. 设计企业激励约束机制

激励约束机制是现代企业委托—代理机制下的重要激励制度安排。家族产业基金投资机构在这些方面的作用就体现在针对创业企业管理层的激励约束机制的设计上。家族产业基金投资机构可以影响企业管理层经营目标的设定，并根据此目标设计企业管理层的薪酬或者奖惩策略方案，根据经营目标制定管理层无法达到期望的经营目标时的处罚措施。有效的激励约束机制可以有效控制企业管理人的道德风险，引导管理人遵从股东期望的目标和愿望，从而使股东能获得良好的投资回报。

6. 帮助企业进行管理层及关键技术人员的选配

帮助企业物色高素质的职业经理人，充实或更换创业企业管理层，这是家族产业基金投资机构为创业企业提供增值服务的重要内容。对创业企业来讲，各方面人才都匹配的管理团队是很困难的，不仅如此，在企业的不同发展阶段，企业对人才的需求也是不同的。应创业企业这方面的需要，家族产业基金投资机构可以利用自己的社会关系资源，为创业企业物色合适的人才，将其推荐给创业企业管理层或其他股东。

7. 引入中介机构

创业企业非常需要诸如法律、税务、社会性审计、金融服务等中介服务，创业企业不可能将这些服务全部内部化，那样成本过高也未必专业，因此，创业企业必然会寻求社会化的专业中介服务。家族产业基金投资机构可以在这方面为创业企业引入诸如会计师事务所、评估事务所、律师事务所、证券公司、担保公司、投资银行等中介机构，形成为企业服务的专业网络。

8. 提供关系网络资源

对创业企业而言，家族产业基金投资机构所拥有的社会关系网络是宝贵的财富。优秀的家族产业基金投资机构具有广泛的企业关系网络、政府关系网络、金融关系网络、服务咨询网络、专家网络以及信息资源网络，这些资源如果能有效与创业企业进行嫁接，将极有利于创业企业社会关系环境的改善，也极有利于创业企业的快速健康发展。

9. 策划企业后续融资

家族产业基金投资机构可以通过整合风险投资、银行贷款、担保公司担保等金融手段，配套解决创业企业的融资问题。家族产业基金投资机构还可以为创业企业策划后续联合投资，当创业企业发展到一定阶段时，家族产业基金投资机构可以帮助企业策划增资扩股，吸引其他风险投资或战略投资者进入企业。家族产业基金投资机构还可以通过策划兼并重组、上市等资本运作方式，为创业企业后续融资进行安排。

为创业企业追加后续融资，有利于创业企业快速发展，实现创业企业的快速增值。因此，为创业企业策划后续融资的能力，是考察、检验家族产业基金投资机构增值服务能力的重要标准，家族产业基金投资机构需要努力提高这方面的能力。

案例：TPG 的"中国化"投资谋略[①]

掌管着全球 600 亿美元资产和 250 亿美元现金的美国投资集团 TPG[②]，已经进入中国 15 年。目前，中国是 TPG 在美国之外的第二大投资市场，规模占他们全球投资的 10%，年利润贡献也超过 10%。自 1994 年以新桥资本的面目进入亚洲市场，TPG 已经投资的联想集团、深发展、广汇汽车、恒信金融租赁、MI 能源、达芙妮鞋业、物美、泰凌医药、尚华医药、云南红酒业等项目组成了这 10%。

1. 投资深发展，TPG 美国风格的完美发挥

在中国，TPG 已经有过扬名立万的经典案例。2004 年，中国金融业改革提速，监管层希望以深发展为标本，探讨借力于海外战略投资者提升中国银行体系竞争力的可能性。TPG 旗下的新桥投资因在亚洲有过成功重组韩国第一银行的经验，在深圳市政府的邀请下，拿下了深圳发展银行的相对控股权，使新桥

---

① 金融街 PE. TPG 的中国化谋略 [J]. 金融街 PE 研究，2010（130）：7–12.
② TPG 成立于 1992 年，是一家私人投资合伙企业。TPG 在杠杆收购、资本结构调整、分拆、合资以及重组而进行的全球股市和私募投资领域有着丰富经验。

成为第一家控股内地商业银行的外资机构。新桥对深发展控制权架构如图4-4
所示。为了整改深发展，TPG动用了自己的全球资源，从市场上招募了包括董
事长弗兰克·纽曼、行长韦杰夫在内的多位外籍高管，全面参与深发展的机构
设置、信贷文化、风险控制，把原来散落在分支机构的风险审核权力集中回总
行。2010年5月，TPG与中国平安换股，让出了其持有6年的深发展控股权。
至2010年9月，TPG将持有的中国平安4%股权悉数出售，总计套现24.4亿
美元。至此，TPG在这单中国金融产业史上有开山意义的、带着美式PE标签
的投资全盘结束。

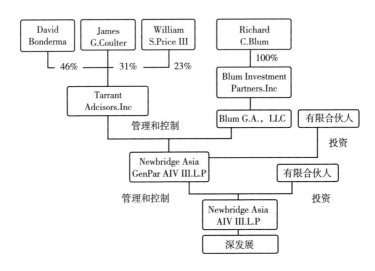

图4-4　新桥对深发展控制权架构

新桥对深发展投资、改造、退出这一整套路线，应该算是TPG美国风格在
中国的完美发挥。在深发展一案中，新桥动用TPG在全球金融界的运营资源，
在业务创新、风险管理、流程方面全面改造深发展，并把深发展的资本充足率从
入股之初的2%提高到了8%以上。但在中国，这套模板的遗憾有二：一是这样
的项目太少，可遇不可求；二是强权改造的做法太过生硬，容易引发企业抵触。
在深发展一役中，新桥也遭遇过谈判破裂、陷于股权分置疑难的问题，在深发展
的人事改革上也几次发生动荡。他们开始思考如何折中。

2. 强调利益共同体，入股联想成为转型里程碑

为了摒弃野蛮形象，防止深发展项目里的中国式反弹重演，TPG决定在投资
前尽量淡化自己的入侵色彩，用事前就提供个性的运营服务的方式来表达友善；

在投资谈判和进场之后，则强调自己与企业主是利益共同体。此时，作为利益共同体，TPG 展现了跟投行不一样的"从业良知"：以中止投资为代价，支持企业停止海外收购计划。TPG 甚至劝退了一家已经投递完标书、第二天就要启程去竞标的企业。有深发展的教训在前，TPG 开始变得"很中国"。有一个运营团队在关心公司，但又不是直接干预公司的执行方面，而被投资企业在战略扩张上提出需求时，TPG 又会快速调动全球资源来协助。

入股联想，成为 TPG 在中国的新的指标性案子。2005 年，TPG 原本是与联想一同竞购 IBM 个人电脑部门的竞争对手，当以 1.5 亿美元的差价败北后，TPG 立刻找到联想提出股权合作。随后，TPG 领头的财团以 3.5 亿美元可转债与认股权证方式投资联想（换算后占股比例约 10%），并获得董事会的 3 个席位。TPG 投资联想集团股权架构如图 4-5 所示。跟以往其他项目不同，当时主持这笔投资谈判的 TPG 定下的原则是，条款不论谈成怎样，TPG 都要进入联想。因为在中国市场上 TPG 急需一个里程碑式的项目，来确定其在国内的投资形象，财务回报则是第二位的考虑，他把对联想的投资界定为"投资性投资"。当时其对联想的投资普遍认为是非常有风险的，一则个人电脑行业并非被所有人看好，二则这是一个蛇吞象的典型案例。对当时的 TPG 而言，联想是不二选。不仅因为联想是国内最大的个人电脑公司，也因为这家公司乃至其创始人团队在中国都是一面大旗。当然如果不赚钱，TPG 或许也不会干。截至 2010 年 2 月，TPG 已经第三次配售联想股份。2009 年 9 月涉及 2.91 亿股联想股份与 10.4 亿港元，最近的一次则套现约 7000 万美元。按估算 TPG 对联想的投资目前已经获益 2~3 倍。联想收购 IBM 个人电脑业务之后，TPG 作为股东也扬名立万。不少人找上门来，要求 TPG 帮做海外收购，把自己的企业复制成"联想第二"。

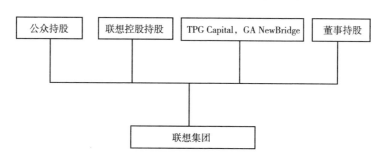

图 4-5　TPG 投资联想集团股权架构

3. 去野蛮化,增值服务成为投资利器

历史性的对比应该最能说明事物的纵向发展轨迹。过去整个私募股权投资界的主流投资模式都是杠杆收购(leveraged buyout,LBO),但在中国几乎没有杠杆,因为一是不可能从银行拿到这么多杠杆型的财务贷款,二是也很少碰得到能买下控股权甚至100%买下来的状况。TPG显然已经考虑过这个问题:中国是一个成长型、上升型的市场,很多的企业主仍然是第一代创始人,不可能像美国有那么多的整体资产出售,而且中国经济处在蓬勃上升期,也不可能像美国有那么多临近破产、等待收购重组的案例。所以,TPG在中国的策略已经明显作了调整:投成长型企业、做少数股东,强调合作伙伴关系。

TPG过去在全球市场上,增值服务体现在投资之后,是投资为主、改善为辅。而在中国,增值甚至成了其竞争方案中的一个王牌。作小股东的策略定下来后,投资没有了控制权,不能直接参与管理,靠什么来把控项目?TPG又提出的一点:跟企业成为合作伙伴,怎么在公司高速增长的情况下发现并解决它的困难,作为合作伙伴怎么提供增值服务,是TPG在这些年中学会的挺重要的东西。把主导心态淡化成参与管理,是TPG实施的一项调整。

2008年1月,TPG以TPG增长基金(TPG Growth)的名义,斥资1500万美元入资云南红酒业集团。TPG答应对方:不控股、不撤换管理团队,只在云南红董事会中提供资金管理协助,不涉足企业内部经营。这只基金的管理人王当时曾特意解释过TPG在其中未要求控股权的原因:云南红现有的管理团队能力很强,TPG增长基金做的不是"取代型",而是"补缺型"的投资。TPG有一个庞大的运营部门,在其全球的100多位合伙人中,运营合伙人超过40位,他们的工作是像总裁、投资人、顾问及咨询公司的混合体,为TPG的投资项目提供服务。这一部门的设置初衷是大刀阔斧整改所收购的传统的资产,但在中国却有了新的用途。

2006~2009年,TPG分三次投资新疆广汇汽车服务股份公司,一共获得了超过40%的股份,成为仅次于创始人孙广信的第二大股东。双方在广汇汽车中的互信达到惊人的程度。广汇高层除了董事长孙广信,其余管理者几乎全都由TPG引荐而来:执行董事兼总裁金珍君曾任戴尔韩国公司总经理;首席财务官来自美国通用电气(GE);首席运营官来自美国通用汽车(GM);并购发展部长来自法国达能。一开始,广汇汽车制定的战略就是逐省购并,一次性拿下当地所有

汽车品牌的销售资质，迅速拓展汽车分销业的业务。TPG 对此十分认同，于是合作达成后，孙广信负责在一线寻找合适的同行兼并收购，"合作伙伴" TPG 的管理层方阵则在后方负责 IT 设置、人员配备整合。这让 TPG 尝到了甜头：中国市场上，作小股东同样有丰厚回报。2010 年的广汇汽车，已经在全国范围内拥有了 230 多家连锁店，营收和利润分别达到近 50 亿美元和 1 亿美元。4 年前的同一家公司，相对应的数据分别是 60 家连锁店、10 亿美元的营收、400 万美元的利润。可以看出在销售收入增长 4 倍多的同时，利润增长超过 10 倍。

4. 客户化定制，作家族企业第一代的配角

TPG 在中国的投资形式有一个特点，叫作客户化定制。其实在美国做 LBO 很少做这个，但在中国，几乎个个都是这种项目。对深发展，关键词是信贷文化；对收购 IBM 个人电脑资产后的联想，关键词是全球生产成本控制；对物美，关键词是品类管理；对广汇汽车，关键词是中央管理；对达芙妮，TPG 提供的运营关键词是供应链。达芙妮是一个典型的先提供企业运营解决方案、再谈投资的投资案，也是 TPG 怎么进入一个家族控股企业的案例。2007 年，马雪征刚加盟 TPG 一个月，就去给达芙妮国际控股有限公司梳理供应链。随后的一年半里，TPG 与达芙妮并未真正展开投资谈判，但每隔两个月就作为顾问给达芙妮提供一个跟进方案。TPG 对每一笔投资都会考虑行业、企业、管理层、平台和最终条件。其他私募股权投资一般是希望先谈投资，然后看有什么运营可以帮忙。但 TPG 是反过来，给达芙妮提供了一份改进运营的最终方案。在这份方案里，TPG 建议达芙妮对自己的运营模式进行根本性的调整，从原来的厂商推动型，走向消费者拉动型。换言之，是从代工商脱胎成为零售商。"要完成这个转变，所有的供应商、物流、IT 系统都要发生根本的转变"，这是 TPG 的意见。TPG 对达芙妮的帮助已经到达了旁观者的能力极限，要继续依仗 TPG 的力量完成转身，必须让其运营团队真正进场。虽然据说达芙妮账上有充裕的现金，但 2009 年，TPG 斥资近 1 亿美元参股达芙妮，成为金融危机发生后全球第一单亿美元规模的私募股权投资项目。运营团队接手后，TPG 的投资项目组并未从达芙妮中退出。2010 年 1 月初，达芙妮斥资 2.14 亿元收购台湾宝成集团的高端女鞋品牌爱意鞋业 60% 的股权，TPG 的投资团队在其中亦有很深的介入。

案例评析：

TPG 的文化是：一个项目要同一个队伍从头到尾把它做完，直到退出为止。

眼下，正是人民币基金成为市场主角的关键时期，争得政府核准设立人民币基金、吸引全球投资人的眼球成为外资私募股权投资们的两件头等大事。更重要的原因，则是宏观环境出现了新变化：政府和民间出现了新的、比较长远的投资趋势。去并购、亲成长，作增长型公司的小股东，TPG 正试图把过去十多年在中国的经验教训，归纳成可持续应用的方法论，用以颠覆私募股权投资界的传统玩法。

三、境外投资服务

近年来，"一带一路"倡议下的全球经济开放合作新机制与逆全球化相互交织，对我国对外直接投资（OFDI）产生了复杂影响。一方面，"一带一路"建设为中国 OFDI 的增长局优化创造了机遇，我国对"一带一路"沿线 OFDI 呈逐年提升态势；另一方面，以美国为首的部分发达国家采取单边主义和贸易投资保护主义措施，对全球对外投资造成了不小冲击，2017 年全球外商直接投资流量下降了 23%。从我国来看，自 2016 年创出 1962 亿美元的历史新高之后，2017 年我国 OFDI 流量首次出现负增长，同比下降 19%，为 1583 亿美元。这一变化有内外两方面原因：内因是我国主动加强了对资本流出的管控，使非理性对外投资得到一定遏制；外因则是部分发达国家采取投资保护措施，使我国企业在对外投资尤其是跨国并购中遭遇到阻碍。例如，受美国政府安全审查等影响，2017 年我国对美国直接投资同比下降了 62%（李书彦和谭晶荣，2020）。

在中美经贸摩擦影响下，我国流向发达经济体的直接投资呈现由美国向欧盟转移的趋势。2017 年中国对欧盟 OFDI 逆势增长 3%，首破百亿美元（102.7 亿美元），是当年我国对美国 OFDI 流量的近 2 倍，欧盟连续多年位居我国 OFDI 最大目的地。截至 2017 年底，中国对欧盟 OFDI 覆盖全部 28 个成员国，共设立约 2900 家企业，创造就业 17.6 万人，为欧盟经济发展作出了积极贡献。但从空间分布来看，中国对欧盟 OFDI 并不均衡且呈加剧趋势，2017 年中国对英国、德国、法国 3 个国家 OFDI 流量合计占比达 75%，为近 10 年来的最高比例，我国对欧盟 OFDI 呈现明显的空间集聚特征。

产业基金境外投资形式，可以通过产业园区的形式。近年来，在"一带一路"建设引领下，我国境外园区进入了高质量发展新时代，呈现出量增质升的发展势头。据商务部统计，截至 2019 年底，我国在 46 个国家建设了 113 个境外经贸合作区（以下简称"境外园区"）。其中，位于"一带一路"沿线的境外园区有 82 家，占比约 7 成，共吸引了近千家国内外企业入驻，累计投资额超过 200 亿美元，成为我国深入推进"一带一路"合作的重要平台（李书彦，2020）。

20 世纪末以来，我国企业探索性地把国内园区建设经验推广到国外，与东道国政府、企业合作建设各类产业园区，在促进东道国经济发展的同时，提升了我国企业的海外生存和发展能力。这一充分体现"共商、共建、共享"理念的合作模式，深受东道国欢迎，逐渐成为"一带一路"合作的新热点。

第五章　家族产业基金的退出

家族产业基金如果从事的是财务性股权投资，在对项目作出投资决策之前就必须对退出的方式和时机做好安排，并落实到合作协议之中去。从一定程度上看，基金的退出机制决定了其最终的成败。因此，多元化退出渠道的建设和发展将对基金的发展起到重要的推动作用。

一般来说，在股权投资市场，有三个主要渠道可以帮助股权投资机构实现投资退出：第一种是首次公开上市；第二种是产权出售，其中包括财务性股权转让、管理层收购、企业并购以及产权交易所挂牌上市和柜台交易等；第三种是破产清算。股权投资机构可以根据被投资公司的发展阶段和经营状况，综合考虑其他各种因素，确定使用哪种方式退出。

第一节　首次公开上市

首次公开发行（IPO）是指被投资企业成长到一定程度时，通过在证券市场首次公开发行股票，将私人权益转换成公共股权，在上市后的一段时间内，家族产业基金管理者逐步抛售手中股票，实现资本回收和增值。由于股票上市可以为家族产业基金投资者创造巨大的造富效应，因此，首次公开上市是最理想的退出方式。

目前国内家族产业基金采取的上市退出渠道，按发行地点可以划分为境内上市和海外上市。在具体操作方式上，又可以分为直接上市、买壳或借壳上市以及红筹模式等。

一、境内上市

家族产业基金投资的企业境内上市主要有在主板、中小板、创业板直接上市和买壳/借壳间接上市两种。

（一）直接上市

依据上市板块的不同，企业在境内直接上市又可以分为主板、中小板、创业板三种形式。其中，主板即所谓的二级市场，也就是目前的上海和深圳证券交易所交易的市场。顺便提及的是：一级市场是公司股票的发行市场；中小板是相对于主板市场而言的，是创业板的一种过渡，在中国中小板的市场代码是002开头的。顾名思义，中小板主要是为中小企业进行融资、发行股票而推出的；创业板主要服务于中小型民营企业，是为中小型民营企业提供直接融资的平台。

（二）借壳上市/买壳上市

借壳上市是指未上市公司把资产注入一家市值较低的已上市公司，得到该公司一定程度的控股权，利用其上市公司地位，使母公司的资产得以上市。而所谓买壳上市，就是非上市公司通过证券市场，购买一家已经上市的公司一定比例的股权来取得上市的地位，然后通过"反向收购"的方式注入自己有关业务及资产，实现间接上市。实践中，家族产业基金通过借壳上市或买壳上市实现资本退出是一种行之有效的方式。

无论是借壳上市还是买壳上市，其实现途径主要包括以下两个步骤。

首先，选择壳公司。要实现借壳上市或买壳上市，必须要选择壳公司，结合自身的经营情况、资产情况、融资能力及发展计划，选择规模适宜的壳公司。壳公司要具备一定的质量，不能具有太多的债务和不良债权，具备一定的盈利能力和重组的可塑性。

其次，并购和控股壳公司。非上市公司通过并购取得壳公司控股地位，需要考虑壳公司的股本结构，只要达到控股地位就算并购成功。其具体形式可有三种：一是现金收购，优点是可以节省大量时间，借壳完成后很快进入角色，形成良好的市场反应；二是资产或股权置换，完全通过资产或股权置换，实现"壳"的清理和重组合并，容易使公司的资产、质量和业绩迅速发生变化，很快实现效果；三是两种方式结合使用。

实际上，大部分借壳或买壳上市都采取现金收购结合资产或股权置换这种方法。非上市公司取得控制权后，通过重组后的董事会对上市壳公司进行清理和内部重组，剥离不良资产或整顿提高壳公司原有业务状况，改善经营业绩，最终提升股份价值，而家族产业基金可以适时卖出股票达到退出的目的。

二、海外上市

中国内地企业海外上市融资的方式和渠道主要包括内地企业在境外直接上市、境外买壳上市或反向兼并以及红筹模式三种模式。

（一）内地企业在境外直接上市

境外直接上市是指直接以境内公司的名义向境外证券主管部门提出登记注册、发行股票（或其他有价证券）的申请，并向当地证券交易所申请挂牌上市交易。我们通常说的 H 股、N 股、S 股等都属于此种类型。中国内地的企业法人在香港首次发行股票，简称 H 股；在纽约首次发行股票，简称 N 股，在新加坡首次发行股票，简称 S 股。

境外直接上市有三大好处：一是公司股价能够达到尽可能高的价格；二是公司可以获得较大的声誉；三是股票发行的范围更广。由于该等上市公司注册地仍在内地，实质上是中外合资企业的外资股部分在境外上市，而且上市后募集的资金仍须返回大陆，所以中国证监会的政策指引是鼓励的，但其法律审批程序较为复杂，上市条件也较高。

（二）境外买壳上市或反向兼并

境外买壳上市是指非上市公司通过购买一家境外上市公司一定比例的股权来取得上市的地位，然后注入自己的有关业务及资产，实现间接在境外上市的目的，比如在新加坡市场买壳上市的浙江金义等。境外买壳上市的优越性主要在于，与直接挂牌上市相比，它可以避开国内有关法律法规的限制和繁复的上市审批程序，手续简洁、办理方便，缩短上市时间。

反向兼并上市即"后门"上市，在反向兼并上市交易中，境外壳公司以增发新股的形式将控股权出让给希望上市的中国企业，即一家上市的空壳公司以批股形式收购一家非上市的企业，同时非上市公司的股东因此获得上市公司批出的控股权而控制了上市公司。所以反向兼并上市成了中国企业境外上市融资的最快最直接的途径。北美特别是加拿大市场一般采用反向收购（RTO）的方式实现挂牌上市。

（三）红筹模式

"红筹模式"是指，通过在海外设立控股公司，将中国境内企业的资产或权益注入境外控股公司，并以境外控股公司的名义在海外上市募集资金的方式。

在我国，所谓的"红筹模式"，一般包括两种类别："大红筹模式"和"小红筹模式"。由于"大红筹模式"涉及国有权益的出境，为保护国有资产免于流失，因此，"大红筹模式"上市的审批程序相对于"小红筹模式"更为复杂。

"大红筹模式"，即按照1997年6月20日发布实施的《关于进一步加强在境外发行股票和上市管理的通知》履行行政审批或备案程序，采取收购、换股或行政划拨等方式，将境内企业权益注入境外资本运作实体之中，以实现境外资本运作实体在境外进行家族产业基金融资或公开发行上市的目的。此种模式中的主体一般是我国内地大型国有企业，或者具有国务院各部委或地方政府背景的企业，如中国五矿、中国粮油、上海实业等。

"小红筹模式"，即按照2006年9月8日实施的《关于外国投资者并购境内企业的规定》等法律法规履行行政审批程序，采取股权并购或资产并购等方式，将境内企业权益注入境外资本运作实体之中，以实现境外资本运作实体在境外进行家族产业基金融资或公开发行上市的目的。此种模式的主体一般是民营企业，如无锡尚德、如家快捷、百度、蒙牛、分众传媒等。

随着我国各种法律法规和规范性文件对"红筹模式"控制和监管的日益加深，"红筹模式"也不断变换着具体操作形态，以规避或绕过境内法律限制。但是整体而言，所谓"红筹模式"就是指境内企业实际控制人在开曼群岛、维尔京、百慕大等离岸中心设立特殊目的公司（SPV），再以境内股权或资产对特殊目的公司进行增资扩股，并收购境内企业的资产，再以境外特殊目的公司名义在境外交易所上市的一种境外上市方式。截至目前，境内企业赴境外上市采用最多的方式就是"红筹上市"模式。

红筹上市按境内企业与境外特殊目的公司关联方式不同，又可分为控股上市、附属上市、合资上市和分拆上市四种。

控股上市，一般指国内企业在境外注册一家公司，然后由该公司建立对国内企业的控股关系，再以该境外控股公司的名义在境外申请上市，最后达到国内企业在境外间接挂牌上市的目的。广西玉柴实业股份有限公司就是通过控股上市的方式实现其在纽交所上市的。

附属上市，是指国内拟上市企业在境外注册一家附属机构，使国内企业与之形成母子关系，然后将境内资产、业务或分支机构注入境外附属机构，再由该附属公司申请境外挂牌上市。四通集团就是采用这种方式实现在香港联交所间接挂牌之目的的。

合资上市，一般适用于国内的中外合资企业，这类企业在境外上市，一般是由合资的外方在境外的控股公司申请上市。易初中国摩托车有限公司在美国上市就是采用这种模式。

分拆上市，适用于国内企业或企业集团已经是跨国公司或在境外已设有分支机构的情形。它是指从现有的境外公司中分拆出一子公司，然后注入国内资产分拆上市，由于可利用原母公司的声誉和实力，因而有利于成功上市发行。富益工程就是利用这种模式成功在澳大利亚证交所上市的。

（四）海外上市的其他形式

企业实现海外上市的其他形式还包括国内 A 股上市公司的境外分拆上市和存托凭证海外上市等，一般家族产业基金投资不会采取这些方式实现海外上市，这里仅做简要介绍。

国内 A 股上市公司境外分拆上市案例较多，如 A 股公司同仁堂、托普软件、复旦微电子、青鸟环宇等分拆子公司以 H 股方式在香港创业板上市。

存托凭证，又称存券收据或存股证，是指在一国证券市场流通的代表外国公司有价证券的可转让凭证，属公司融资业务范畴的金融衍生工具。以股票为例，存托凭证是这样产生的：某国一公司为使其股票在外国流通，就将一定数额的股票，委托某一中间机构（通常为银行，称为保管银行或受托银行）保管，由保管银行通知外国的存托银行在当地发行代表该股份的存托凭证，之后存托凭证便开始在外国证券交易所或柜台市场交易。

存托凭证一般代表公司股票，但有时也代表债券。如果发行范围不止一个国家，就叫全球存托凭证（GDR）。美国存托凭证（ADR）是面向美国投资者发行并在美国证券市场交易的存托凭证。我国企业发行 ADR 的方式主要有：直接在美国市场发行 ADR；将所发行的 B 股或 H 股转为 ADR 的形式在美国上市；在全球配售过程中将美国发行部分以 ADR 的形式配售并上市等。

由于境外分拆上市和存托凭证海外上市的前提条件都是公司已经上市，因此，在家族产业基金投资的资本退出中并不重要。

第二节　产权出售——并购、回购等

家族产业基金投资的另一种重要的资本退出方式是产权出售。通过公开上市的方法需要的周期很长，再加之家族产业基金投资机构在首次公开上市后还要经历一段"锁定期"，因此，产权出售便成为家族产业基金资本退出的另一条好的途径。常见的产权出售方式包括财务性股权转让、管理层收购（MBO）、企业并购（M&A）以及产权交易所挂牌上市和柜台交易四种。

一、财务性股权转让

财务性股权转让是指由交易双方通过洽谈、协商后签订交易协议，一方支付价款，另一方转移股权的交易方式。协议转让一般是面向第三方企业进行转让，包括向其他家族产业基金的转让（二级出售）。

有限责任公司及未上市股份有限公司股权转让的基本程序如下：（1）企业股东会或股东大会通过同意转让的决议；（2）在财务顾问或者券商、律师、会计师的协助下对企业进行整合包装；（3）转让方和受让方各方的股东会或董事会的授权或同意；（4）协商谈判；（5）制作签署股权转让协议等文件；（6）办理股东变更的工商登记手续或股份过户手续。某些项目在办理股权变更手续前还须报政府主管部门批准，比如，外商投资企业股权转让须报相关的审批机关批准；国有股权转让的，评估立项及评估结果须获国有资产管理部门的批准和确认；未上市股份有限公司发起人股份转让则需要股份公司原审批机关批准等。

二、管理层收购

管理层收购是指被投资公司的管理团队通过现金、票据等有价证券向家族产业基金回购企业股份，从而使投资资本顺利退出的行为。典型案例包括腾讯赎回盈科和 IDG 股东贷款、盛大赎回中华网所持股份等。

管理层收购是一种保守的退出方式，通常会出现三种股份回购的情况：一是家族产业基金投资机构无法通过股票市场上市退出，需要由被投资企业进行股份回购，否则投资机构将面临无法退出的窘境；二是在家族产业基金投资机构进入企业时签订股份回购协议，约定在一定条件下以股份回购实现退出；三是随着企业的发展壮大，当家族产业基金投资机构的目标与企业发展的目标不相适应而有退出之意时，被投资企业考虑到如果第三方购买企业股权会带来新的磨合期以及对企业控制权丧失等问题，从而会根据合同回购企业股份。

与首次公开上市相比，管理层收购的收益率较低，并且管理层回购会给资本市场传递信号，即家族产业基金投资机构不看好该企业未来发展前景，甚至无法找到下家接手只能进行管理层回购，这会给企业未来的筹资等行动带来消极影响。与此同时，因为管理层收购是发生在企业内部的产权转移，明晰的产权关系和已合作很久的双方会使回购交易简便易行，所以会减少不必要的磨合期，这是管理层收购的优点。

三、企业并购

家族产业基金投资通过企业并购的方式实现资本退出，是指项目公司作为整体被第三方公司或另一家家族产业基金投资机构购买，家族产业基金按照持有的股份取得收益及权益。典型案例包括聚众传媒被出售给分众传媒、卓越网出售给亚马逊等。

对家族产业基金投资机构而言，并购退出支付方式灵活、变现快、操作简单，退出成本较低。与首次公开上市相比，并购较少受市场周期的影响。因为很多第三方公司是出于长期战略目标考虑，而不会被当时的市场环境所左右，这将会降低退出的不确定性。同时，并购会给被投资企业带来新鲜血液，第三方公司的技术、管理方法、市场资源等都会为被投资企业未来发展服务。近年来，以企业并购的方式退出在我国家族产业基金退出方式中所占的比例越来越大。

选择合适的并购时机事关家族产业基金投资机构的收益大小。一般来说，家族产业基金投资者应该选择在被投资企业的未来投资收益的现值比企业的市场价值高时把企业售出，这样有利于和购买者进行谈判，从而有利于家族产业基金投资者赚取最大的投资收益。

但是，在企业并购中企业创始人有可能失去独立性，尽管企业家不一定被新的第三方排斥，而可能会被授予新的职责，但是企业家身份的变化会让其在前期排斥这种退出方式。

四、产权交易所挂牌上市和柜台交易

产权出售还可以采用在产权交易所挂牌上市和柜台交易的方式进行。

我国大多数省、自治区、市都有产权交易所，主要是提供物权、债权、股权、知识产权等交易服务的综合性市场平台。产权交易所挂牌上市实质上就是拍卖，静待第三方询价转让。

柜台交易是指在证券交易所以外的市场所进行的股权交易，又称场外交易。柜台交易市场是在股票交易所以外的各种证券交易机构柜台上进行的股票交易市场，简称 OTC。

总体来说，无论是在产权交易所挂牌交易，还是在柜台交易，股权交易的价格都比较低，流动性也比较差，对于家族产业基金投资来说，并不是十分理想的退出方式。中国场外股权交易市场体系构成如表 5 - 1 所示。

表 5 - 1　　　　　　　　　　中国场外股权交易市场体系构成一览

市场名称	组成部分	交易对象	交易制度
产权交易市场	由全国 200 多家产权交易所组成	以未上市国有独资、控股、持股公司产权股权挂牌转让为主，部分机构进行未上市高科技公司股权托管及转让	会员代理制，会员买卖双方进行交易，多采用网上挂牌、线下交易的形式
代办股份转让系统	原代办股份转让系统（"旧三板"）	原 STAQ 和 NET 系统遗留股份有限公司股份、深圳证券交易所和上海证券交易所退市公司股票	主券商代理制，投资者参与股份转让，应当委托证券公司营业部代理，证券公司接受投资者委托以集合竞价的方式配对成交，券商不能直接进行股份买卖
代办股份转让系统	中关村科技园区非上市股份报价转让系统（"新三板"）	中关村科技园区未上市股份有限公司股份	报价券商代理制，投资者转让挂牌公司股份，须委托报价券商代理，报价券商通过专用通道，按接受投资者报价委托的时间先后顺序向报价系统申报
地方柜台市场	天津股权交易所	国家级高新技术产业园区的高科技股份有限公司及非上市非公众股权有限公司的股份	做市商双向报价为主、集合竞价与协商定价相结合的混合型交易制度
地方柜台市场	重庆股份转让中心	设立满一年的非上市股份有限公司的股份	公司股东自主委托方式进行交易
地方柜台市场	上海股权托管交易中心（沪版 OTC，2012 年 2 月 15 日正式启动）	主要挂牌对象是上海、长三角及其他地区科技型、中小型非上市股份有限公司的股份	通过协议转让等特定对象之间转让方式进行交易

第三节　破产清算

破产清算是家族产业基金投资各方最不愿采用的一种方式，也是投资失败后最无奈的退出方式。因为家族产业基金投资自身的高风险性，不是每一笔家族产业基金投资都能以首次公开上市或企业产权出售的方式退出。当投资企业成长缓慢或者市场出现较大波动，使得项目成功的因素不再成立时，破产清算可以保证收回一定比例的投资额，减少继续经营的损失，使得家族产业基金的损失最小化，并及时为下一个项目做好资金准备。

与其他退出方式相比，破产清算耗时较长，要通过烦琐的法律程序，因此，退出成本较高。而更让投资机构不愿意采用破产清算这种方式的，是因为它会向市场传递一种不好的信号：该投资机构筛选项目能力较差。这种信号会给投资机构在下一次融资带来阻碍。

一、破产清算的程序

（1）成立清算组；

（2）通知债权人及发布债权公告；

（3）债权登记与确认；

（4）清算组清理公司财产、编制资产负债表和财产清单；

（5）清算组制订清算方案；

（6）清偿企业债务，若有剩余财产的，则股东按持股比例分配；

（7）清算组制作清算报告；

（8）向工商管理局申请注销公司登记。

二、破产清算的顺序

根据《企业破产法》的规定，破产财产应当按一定的顺序和比例，公平地分配给债权人。破产财产的处理和分配，由清算组织提出方案，经债权人会议讨论通过，并报人民法院裁定批准后执行。根据《中华人民共和国企业破产法》第一百一十三条的规定，破产财产须优先拨付破产费用，破产费用包括：

（1）破产财产的管理、变卖和分配所需要的费用，以及聘用工作人员的费用；（2）破产案件的诉讼费用；（3）为债权人的共同利益而在破产程序中支付的其他费用。在优先拨付破产费用后，破产财产按下列顺序清偿：一是破产企业所欠职工工资和劳工保险费用；二是破产企业所欠税款；三是破产债权。破产财产不足以清偿同一顺序的清偿要求的，按照比例进行分配。

家族产业基金一般是投资于目标公司的股权，属于目标公司的股东，只有在完成了所有清偿任务以后，才能对剩余财产进行分配。在对股东进行分配时，要优先分配给优先股股东。家族产业基金如果投资时持有的是优先股，应优先于普通股股东获得分配。一般来说，进入破产清算的企业，基本都是资不抵债，很难有财产供股东分配了。所以优先股在破产清偿上意义不是很大。

案例：雷士照明的上市之路①

1. 融资顾问全程参与

雷士照明的三位创始人股东吴长江、杜刚、胡永宏曾经被称为"雷士三剑客"，后来三人因不可调和的矛盾导致雷士分家：当时，吴长江凭借"以退为进"的策略，以低于预期的代价让杜刚和胡永宏各拿8000万元离开雷士，吴长江独守企业。股东问题是妥善解决了，但是雷士账上并没有足够支付股东款的现金。最终达成的折中方案是，两位股东先各拿5000万元，剩余款项半年内付清。

2005年底，雷士账面上不过略多于1个亿元的现金。在兑现了1亿元的股东款之后，雷士账上几乎变成"空壳"，临近春节，吴长江还没钱发工资。接下来的资金问题是吴长江真正的挑战。2005年的圣诞节前后，吴长江希望引入风险投资，但大部分基金处于放假期间，没有回音。

与亚盛投资毛区健丽的接触是从雷士第一次上市开始的，当时"买壳上市"已经批准，但作为专业的财务顾问，她觉得此次上市过于仓促，因此，吴长江放弃了这次上市。但正是由于这次接触为毛区健丽关注雷士，了解吴长江其人打下基础。最终，毛区健丽和朋友夏雷借了2000万元帮助吴长江渡过难关。同时，这两个人开始琢磨下一步。夏雷关注运营，毛区健丽关注财务控制和资本运作。

资本家将资本带入企业，不仅仅是"钱"进入，更重要的是"管理"——

①　雷士的融资牌局［J］. 金融街PE研究，2011（138）：7-10.

全面的国际化管理理念开始改造雷士。毛区健丽发现，雷士照明存在着民营企业普遍存在的深层问题：前瞻的领导理念与滞后的生产管理不协调；质量管理机制不完善；预算成本控制不科学；专业人才匮乏；产业链需要进一步优化和完善，以及销售渠道需要整合。继借出 2000 万元后，亚盛团队成员开始担任公司高层直接参与管理、销售等方面的工作，通过与雷士照明"同甘共苦"和励精图治，雷士逐渐步入良性发展的快车道。2006 年 3 月，亚盛开始为雷士照明寻找国际资本的进入并联系协调了软银投资，为雷士投资的事宜正式踏上合作日程。2006年 6 月，亚盛方再次为雷士投资 7200 万元，彻底解决了吴长江买断股权需要的最后一笔资金。2006 年雷士引入赛富前融资顾问所占股份如图 5 - 1 所示。

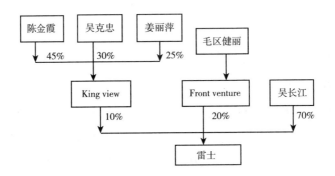

图 5 - 1　2006 年雷士引入赛富前融资顾问所占股份

2. 风投助力扩张

　　卸下"资金包袱"的雷士重新上路，在与亚盛的共同努力下，2006 年 8 月获得了来自软银赛富 2200 万美元的投资。的确，引进软银的资本是其次，重点还是看重软银背后的资源和引进风投背后的意义。引进软银之后，雷士不再是一个民营企业，而是一个具有跨国资本资质的企业，这对于雷士的上市、企业管理、人才引进、企业发展等都具有不可估量的作用。通过引进风投来规范公司的运作，包括财务、管理体系等，从而让公司实现良性的发展。

　　为完善产业链，2200 万美元的融资奠定了雷士在 2007 年境内外横向扩充及纵向收购的基础，兼并龙头光源企业与镇流器企业，弥补了雷士产品上下游薄弱的环节。收购英国同行公司，开拓并扩充雷士之海外市场，以及再融资再扩大……雷士照明一步步走来，日渐成为集灯具、光源生产销售为一体的国际化领先企业。雷士照明扩张图如图 5 - 2 所示。

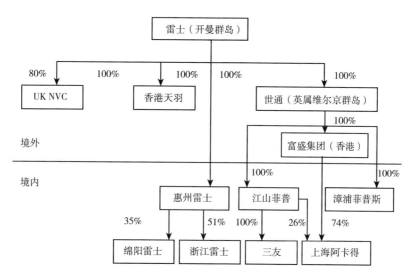

图5-2 雷士照明扩张图

3. 与知名风投"对赌"上市

对赌协议一直被视为企业与资本零和博弈的游戏,有人认为"对赌"是企业的"保护伞",有人将其视为在企业经济疆域"开门揖盗"。在雷士照明的两轮融资中,软银赛富、高盛就与吴长江设定了包括每年的业绩指标、奖金、转让限制、优先购买权和共售权、赎回权等一系列"对赌"条款。"很多人对'对赌'褒贬不一,甚至有人对'对赌'抱有愤恨的态度,说是洗劫。其实这就像买东西,物品的价值需要有证明的元素。谁都希望投资人投得多占股少,但投资人都希望投资少占股多,两方是矛盾的。而解决这个矛盾的国际惯例就是'PE',即用管理层的业绩来衡量投资方所占的股份。"

2006年8月,软银赛富以2200万美元入股雷士照明,成为主要股东。2008年8月,软银赛富继续通过行使认股权证和购股的方式投入1000万美元。赛富、高盛在雷士中所占股份如图5-3所示。与此同时,高盛以3655.56万美元入股雷士照明。在雷士照明两轮融资中,软银赛富、高盛与吴长江之间设定了一系列"对赌协议",包括每年的业绩指标、奖金、转让限制、优先购买权和共售权、赎回权等。赎回权协议主要包括,如果雷士照明未能在2011年8月1日前上市,软银赛富有权要求公司(吴长江)赎回投资股份,一旦软银赛富进行赎回,高盛也有权要求赎回,并支付投资累计利息。"这些条件既苛刻又不苛刻,苛刻的是,企业一旦操作不慎,每条条款都足以压垮企业,另外,我对自己的企业非常了解。比如对赌，对方要求 30% 的增长就不错了，我则坚持认为，要达到 50% 以上，并写进协议，30% 不过是行业的平均值而已"。

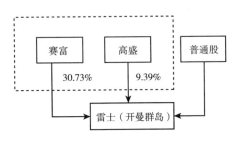

图 5−3　赛富、高盛取得优先股

两轮募资中，雷士照明与软银赛富、高盛订立了一系列上市前的投资方案，并策略性地进行了收购，包括收购世通（及其子公司）以及上海阿卡得等资产，但软银赛富、高盛的身份始终是财务投资者，而不是战略投资者，从单纯投资回报角度考虑，让雷士照明符合条件尽快上市，是他们最直接的想法。"在过去的几年里，这些条款让我们感到了压力，但最终每年的考核指标都完成了，而雷士照明还是提前一年完成了上市，避免启动赎回条款"。

案例评析：

总结雷士照明一路以来的资本运作之路，可以看出，引入风险投资不仅解决了企业当时燃眉的资金问题，而且海外资金的进入也提升了企业运作的平台，促使其完成现金流补充、规模扩张且成功上市的目标。同时，软银的进入为雷士的人才引进搭建了一个国际化平台，使雷士在企业人才建设和团队打造等方面获益良多。成为一家拥有海外著名资本背景的准上市公司，雷士显然对高端人才的吸引力大大增强。这一点，对于许多仅限将资本引入而对改造自身组织和管理的建议充耳不闻、拒绝改变的企业来说，无疑起到了很好的启示作用。

第六章　家族保障基金

家族保障基金是独立运作的，是用于保障家族成员及子孙后代生活、教育等需求的基金。由于家族信托的保密性、资产保障和税务筹划等重要功能，信托架构和家族保障基金的目的高度契合，设立信托架构成为成立家族保障基金的一种主要形式，目前世界上绝大多数家族保障基金采用信托架构。

第一节　家族保障基金的功能

同遗嘱相比，设立家族保障基金并不需要十分复杂烦琐的程序，但是比遗嘱拥有更多的好处。

一、破产风险隔离

（一）信托财产与委托人破产风险隔离

信托一经有效设立，作为信托财产的财产权就从委托人手中转移到受托人名下，基于信托财产所具有的独立性，信托财产是独立于各信托当事人的，在这种情况下，委托人在信托财产转移时即丧失对信托财产原享有的权利。作为信托财产的财产不再归于委托人名下，也区别于其他未设立信托的财产，委托人自身状况的变化从而也不会影响信托财产的存续。因此，如若委托人破产，信托财产是不可以也不应该被列入破产财产的范围的，这样一来也就能够实现信托财产与委托人的破产风险隔离。各国法律对此都有相关的规定，如我国台湾地区"信托法"相关法条规定，在信托当事人没有特殊约定的情况下，委托人或者是受托人死亡、破产或者是丧失民事行为能力的，并不影响信托关系的存续。委托人或者是受托人是法人的情况下也适用上述规定。

依据我国《信托法》的相关规定，在委托人遭遇破产威胁之时，其设立的信托关系所涉及的信托财产主要有三种处理方式。

第一，委托人设立的信托关系将自己作为唯一受益人。在这种情况下，当委托人死亡、解散或者是破产的时候，本身作为受益人的主体资格消散，其原先设立的信托法律关系无法继续存续下去，故其作为唯一受益人的信托财产也就要从原信托关系之中脱离出来。从而作为其遗产或者是破产财产。

第二，委托人设立的信托关系有多个受益人，也包括委托人在内。在这种信托关系之中，信托财产是一种共有财产，属于多个所有人共有。作为其中之一所有者的委托人的个体资格的消减不会影响信托关系的存续。但是，委托人自身享有的那一部分信托财产可以作为其遗产或者是破产财产。

第三，委托人设立的信托关系受益人不包括委托人本身。这种完全是为其他人所设立的信托关系不因委托人自身个体资格的消减而消灭。一旦此种信托契约成立和生效之后，信托财产就已经和委托人没有关系，信托财产仅仅是归属于受益人的财产。

因此，我国《信托法》的相关规定在处理委托人与信托财产的关系上主要有两种模式。一种是信托关系的受益人总有委托人存在，这种模式包括前述第一、第二种规定；另外一种是受托关系完全是由委托人本身之外的人为收益人的，在这种情况下，委托人对信托财产没有任何权利诉求。

（二）信托财产与受托人破产风险隔离

信托设立时，基于双方当事人的合意，信托财产由委托人手中转移到受托人名下，受托人承诺并接受信托，从而享有了对信托财产名义上的所有权，但是信托设立的根本目的是使受益人对信托财产的增值受益，受托人占有信托财产但并不享有信托财产的受益，限于信托目的，受托人对信托财产的收益不享有绝对占有、使用和处分的权利。对于此，我国《信托法》第 16 条、第 29 条都有具体规定。其他国家的信托法在这方面也有相似的规定，如日本《信托法》相关条文中规定，受托人不得将自身所固有的财产与其承诺并接受的信托财产混淆。

破产财产必须是破产人拥有合法权利的财产，此观点是毋庸置疑的。信托制度的一大魅力就在于它实现了信托财产的"双重所有权"状态。一旦设立信托并且信托有效成立之后，信托财产就有了"双重所有权"的属性。也即受托人享有的信托财产就可以归入大陆法系意义上的管理处分权，也可以归入英美法系意义上的所有权。但是，无论处于哪一种权利状态之下，信托财产都不归受托人所有。所以，对于不属于处理信托事务所产生的债务，受托人是无权用信托财产来偿还的。受托人破产的，信托财产不可以也不应当归入破产财产的范围。我国台湾地区"信托法"在这方面也有所规定，受托人破产的情况下，信托财产是不得作为其破产财产。

破产财产范围确定的理论依据在于，债务人自身享有合法所有权的全部财产都被视为是对其债务的共同担保也就是一般意义上的担保，当债务人破产时，该部分财产即全部成为破产财产，平等地用于清偿其所有债权人的债权。受托人破产的，其自身享有合法所有权的财产都应该成为其破产财产，但是受托人虽然占有信托财产，其并不享有真正的所有权，因此，在受托人破产的情况下，信托财产是不得作为其破产财产的。

那么，在受托人破产的情况下，信托财产到底该如何处理呢？受托人破产后，信托并不因受托人职责的终止而终止，按照我国《信托法》的规定，受托人破产或者丧失相关民事主体资格之后，原信托关系并不消亡。双方应当按照当时所订立、缔结的信托财产契约寻找新的受托人，以便使原信托合同关系继续存在。新受托人选定之后，新选定的受托人应当依照新的信托合同向原受托人领取信托财产，并为之管理。这样，原信托关系就得到了继续维持。

（三）信托财产与受益人破产风险隔离

虽然设立信托是为了受益人的利益，但是，基于信托法理，受益人并不占有信托财产，其对信托财产仅仅享有受益权，对信托财产本身并无权支配占有。受益人虽然因信托行为取得信托受益权，但是，在受托人未向其支付信托收益前，其对于信托财产的受益权并未得到真正实现，即只有在受托人经营管理运用信托财产取得收益并将其交付给受益人时，由该信托财产收益的财产才能成为受益人的固有财产。

信托财产所具有的独立性，使得其本身与受益人自身固有的财产相区别，受益人仅仅享有的是受益请求权并不直接占有支配信托财产，其并不是信托财产的所有人，因此，受益人破产的情况下，信托财产也是不可以被列为破产财产的。但是，受益人本身所享有的对信托财产的受益请求权是否可以作为其本身的破产财产，各国法律也对此作出了比较肯定的回答。如我国《信托法》规定，受益人如果不能够偿还到期的债务，其本身对于信托财产所享有的受益权是可以作为清偿财产的。此种清偿，以法律法规规定的为限，如果法律法规有其他规定时，依其他的规定。可见，对于信托财产的受益权是可以被债权人追偿的。

但是，对于受益人破产后，信托财产该如何处理呢？我国《信托法》并未给出明确规定，但根据相关条文的规定可以得知以下内容。

（1）如果该受益人是唯一受益人的，信托目的已经不可能实现，我国《信托法》第 53 条规定的信托终止的事由之一就有信托目的不能实现，因此，作为唯一受益人的受益人破产的，信托终止。对于信托终止后信托财产的处理，我国《信托法》第 54 条有明确规定。

（2）如果该受益人不是唯一受益人的，信托基于其他受益人的利益继续存续，只不过是该受益人因破产而退出了原先的信托法律关系，就如同受益人是自然人的情况下，其死亡就意味着受益权终止。除非信托文件另有规定，信托财产一般不能作为其遗产处理，因此，作为法人的受益人破产时其受益权终止，信托财产也不得作为破产财产处理。

二、限制家族成员挥霍

信托的一个重要功能就是保护家族资产免于一些家族成员的挥霍无度，在美国的法律制度下，一种叫作限制挥霍信托的信托结构就常常被用来达到保护信托资产的目的。

（一）限制挥霍信托的诞生和发展

限制挥霍信托的诞生可以追溯到 1875 年。那一年，美国最高法院就一起债务纠纷案件作出了终审判决，一举确认了限制挥霍信托的有效性。这个案件源于一位叫作萨拉的女士订立的遗嘱信托。萨拉在她的遗嘱里，为自己的 3 个儿子和 1 个女儿设立了一个信托。根据信托文件的规定，该信托资产的收益将支付给她的子女们，而信托本金部分则将保留给她的孙子女们。

这个信托安排比较特别之处在于：在安排信托资产收益的分配时，萨拉女士设定了一个限制：受益人无权转让他的受益权，并且受益人的债权人无权对信托资产追索。

在萨拉女士去世后，她的一个儿子经营业务不善，申请破产。而一位叫作尼克尔斯的债权人要求信托受托人将信托资产收益的一部分分给这个儿子，以便其用来偿还债务。受托人和尼克尔斯在这点上意见不同，因此，进入司法程序。萨拉的这个安排是否有效，也由此得以通过司法程序加以最后的检验和确认。

在最终的判决书里，法官米勒站在了萨拉一边。他认为父母通过运用自己的资产对自己的子女和所爱的人提供保障的行为是应该得到保护的。因此，信托文件中限制信托受益人转让受益权的约定是有效的。尼克尔斯无权追索信托内的资产，无论萨拉的儿子欠了他多少钱。

7 年以后，在百老汇国家银行（Broadway National Bank）一案中，类似的信托安排再次出现：亚当的兄弟为亚当设立了一个信托，持有 75000 美元。信托资产的收益将每半年派发给亚当一次。亚当的受益权不得转让，如果亚当去世了，剩余信托资产将派发给亚当的太太和子女，条件是亚当的太太没有再婚。

随后亚当欠了百老汇国家银行一笔钱，银行要求对信托资产中亚当的那部分受益权进行追索。

在法庭的判决中，信托委托人自由处分自己财产的权利再次得到了保障。法庭认为这种设立信托时限制受益人转让受益权的行为是有效的。债权人可以在法律允许的范围内向债务人追索其名下所有的资产，但他们无权从信托资产内拿走任何东西。

柯尔斯（Nicols）一案的判决为限制挥霍信托的有效性作了司法上的背书，因此，对这种类型的信托的最终确立意义重大。然而由于限制挥霍信托从一开始就是以对抗债权人的追索为目的，因此，也招致了强烈的批评。

尽管有包括约翰格雷在内的著名学者的反对，限制挥霍信托仍然迅速在美国各个州获得了认可。到了 1885 年约翰格雷出版《限制财产转让》一书第二版的时候，他是这样描述当时状况的："一个州接着一个州给予新的原则（指限制挥霍信托的机制）以支持……但是我仍然不会放弃自己的观点。"

限制挥霍信托的发展看来势不可挡，到了 1991 年，就连俄亥俄州，仅存的几个对限制挥霍信托持反对态度之一的州，也在案例中确认了该种类型的信托在俄亥俄州的有效性。在其他一些州，成立人可以在信托文件中加入特定的条款，以成立限制挥霍信托。

然而，随着限制挥霍信托的广泛使用，这种类型信托对公众利益的侵害也渐渐地浮现出来。约翰格雷在《限制财产转让》一书中的语言的确是有道理的。

因此，美国判例法体系又一次发挥作用，在各种具体案件的审理过程中，通过一系列案例的判决，逐步完善了限制挥霍信托运用的规范。

（二）对限制挥霍信托的"限制"

引导案例：雪莱为他的太太和儿子设立了一个限制挥霍信托，规定如果他去世的时候太太健在，则可以享有信托的收益部分；若太太已经去世但儿子健在，则将受益支付给儿子，直至他30岁。当儿子30岁的时候，则根据雪莱先生的两位连襟中的任何一位批准，可将剩余的信托资产全部分配给儿子。若儿子去世了但留有子女的，则信托在孙子女年满21岁时终止，并将剩余资产平均分配给孙子女。任何受益人都不能转让他的受益权。

雪莱先生的儿子叫格兰特。格兰特的婚姻生活很不稳定，结过两次婚，两段婚姻各育有一个孩子。两段婚姻结束后，法院都判决格兰特支付前妻及子女赡养费用。然而在格兰特娶了第三任太太后，就人间蒸发了。前两任太太找不到前夫，只能希望从信托中得到赔偿以支付给她们的赡养费，问题因此摆到了法庭面前：信托文件中不能转让受益权的规定，可否对抗受益人子女和前妻的赡养费请求？

在这个问题上，案例最终支持了两位前妻的诉求。法院认为父母有义务为照顾子女的生活支付费用，如果父母不履行这个义务，孩子的抚养费用将会由社会来承担。因此，要求由信托资产支付赡养费符合社会公序良俗。这个案例并不是一个普通的债权债务纠纷，涉及的责任远远超过支付一个人的债务那么简单。在抚养子女的义务面前，任何人名下的任何资产都不应得到豁免。

美国的判例法系统开始逐步纠正限制挥霍信托对公众利益的损害。随后的一系列案例，对防治滥用限制挥霍信托确定了以下原则。

1. 自我设立的信托

限制挥霍信托不能够被信托成立人用来规避自己的债务。在固定权益信托的情况下，如果委托人对信托收益或者本金也享有权利，则委托人的债权人也有权追索这部分信托资产；在全权信托的情况下，债权人有权对信托受托人行使酌情权后支付给委托人的全部资产追索。

然而拥有财富的人仍然可以通过选择离岸地设立信托的方式来规避美国法律对自我设立信托的限制。在那些加勒比海和太平洋的岛国，法律给予信托最大限度的保护，拒绝债权人对信托资产的追索。银行为了从高资产客户那里赚取信托管理费用，也积极地向客户推销这些离岸地的信托机构。在美国，仅有阿拉斯加和特拉华两个州通过立法来同这些离岸地竞争。在这两个州自我设立的信托，也可以对抗债权人的追索。

2. 儿童抚养和赡养费

在美国绝大多数州，子女的抚养费和前妻的赡养费都是可以向信托资产追索的。然而一小部分州仍然不允许配偶和子女根据法院判决获得信托资产。因此，选择合适的地方离婚看来也很重要。

3. 提供必要的服务和支持

向受益人提供了必要的服务和支持的债权人有权向信托资产追索。

4. 联邦税收

联邦税收法律胜过各州的限制挥霍信托规则。因此，如果受益人欠税了，联邦政府有权追索信托资产。

5. 超过生活必要支出部分的信托分配

在一些州，受益人的债权人可以向信托资产中超过维持受益人正常生活和教育金额的那部分追索。在确定怎样才算是维持正常生活和教育的问题方面，法院发展出了一套"保持生活"规则：债权人只能追索信托资产中超出保持受益人现在生活状态的金额以上的部分。这个"保持生活"规则使债权人基本无法得到什么，因为限制挥霍信托通常由富裕的家长替子女设立，由于子女从小在富裕甚至奢侈的环境中长大，因此，要"保持"他们的生活支出，金额一定不小。

6. 百分比制

有一些州允许债权人获得限制挥霍信托中一定百分比的资产。

7. 侵权案件

在侵权案件中，债权人（被侵权人）是否有权利向信托资产追索的问题尚没有统一的答案。1997年密西西比州法院的一份判决支持侵权案件的债权人向侵权人为受益人的信托追索，然而仅仅过了一年，密西西比州立法通过了《家庭信托保护法案》，推翻了之前那个案例的判决，并确认限制挥霍信托资产不会受侵权案件的影响。

上述这些原则都是在美国判例法体系下逐步发展起来的，我们可以看到，在美国信托对抗债权人的效力是怎样得到认可并逐步"进化"到今天的。对于中国内地富裕阶层来说，了解这个过程，有助于对英美法系下诞生的信托安排在进行资产保障时，到底可以做到怎样的程度，有一个客观的认知。另外，更重要的是，可以通过对限制挥霍信托这种特别类型信托的了解，清楚地看到，个人信托安排归根结底是一个法律安排。所有这些原则和规则，都是在一个又一个立法和一个又一个判例里得到确认和验证的。因此，在成立个人信托的时候，只有在法律上作了充分的研究和确认，才能最大限度地实现信托的目的。

三、防范债务风险

家族保障基金的资产保障功能是在信托的各种用途中被时常提到的一点。其基本原理如下。

一方面，资产放入信托后，其法律上的所有权便不再属于信托委托人，如果将来委托人碰到债务纠纷，债权人原则上不能追索已经放入信托的这部分资产。

另一方面，信托资产同样独立于信托受益人，在资产分配到受益人名下之前，同样不属于受益人，因此，受益人的债权人原则上也不能追索放入信托的这部分资产。

而对于受托人来说，信托资产并不会体现在受托人自己的资产负债表里面，也不会列入受托人的破产资产清单内，因此，也不会受到受托人的债权人的追索。

基于上述原理，并结合适当的信托结构，通过设立信托就可以实现对信托委托人和信托受益人的资产保障作用。

然而上述的原理都是原则性的，实际上，采用信托制度的各个国家，根据其不同的法律和判例，对于信托的这种对抗债权人的功能，会或多或少地进行限制，因此，需要采取不同的信托结构来达成。

四、防范家族成员利益冲突

通过事先约定家族受益人的分配原则，避免因家族成员争产引发内讧致使家族身败名裂的情况发生。从"真功夫"内讧到"九牧王"疑云，中国家族企业似乎纷争太多，探寻新的管理模式已经是势在必行，国外不少家族企业已经有上百年的发展和传承历史，国外的经验对于中国有很强的借鉴意义。家族保障基金的设立可以有效地防范家族内斗，有助于家族基业长青。

五、传承家族精神

家族保障基金可以令家族成员有节制地消费，另外，通过设定特别的分配条款，可以激励后代积极向上，为家族继续增光添彩。家族信托还设有条款约束后代行为。例如，家族信托甚至可以设立条款约定，如果子女（受益人）考不上大学，则一分钱也拿不到。如果子女考上父母列出的几所学府，或是选择不断深造，那么他能支配更多的钱。甚至会有更细致的就业条款约束、婚育条款约束：等受益人结婚，会有一笔结婚基金，每生育一个后代，孙辈也将享有信托收益。

第二节　家族保障基金的保障范围和运作架构

一、保障范围

家族保障信托通常下设生活保障基金（大额支出基金）、教育基金、风险保障基金，如图 6 - 1 所示。

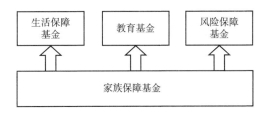

图 6 - 1　家族保障基金的保障范围

生活保障基金：用于满足家族成员日常生活，包括衣食住行、婚丧嫁娶等花费的需要。

教育基金：用于支付家族成员教育费用，尤其是海外留学、深造费用，同时还可以在教育基金下设立奖学金，鼓励子孙后代积极上进。

风险保障基金：保障家族成员人生中的一些重大风险，如健康风险、诉讼风险等。

二、基金运作架构

基于目前的法律和税收考虑，保障基金采用信托的架构更能发挥其保障的作用。具体而言，家族保障基金由委托人出资，交由受托管理人管理，受托管理人按照信托合同约定，进行资产管理和信托收益分配与处置。受托管理人资产管理和收益分配过程受托管机构监督，且在整个过程中，由托管机构对信托资产进行托管。家族保障基金的运作架构如图6-2所示。

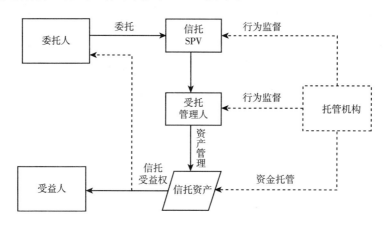

图6-2 家族保障基金的运作架构

委托的财产在信托生效后即成为信托财产，信托财产与委托人未设立信托的其他财产相区别，但是这并不代表委托人对信托资产失去控制。

（一）运作架构主要当事人

委托人：家族保障基金的主要发起人，实际出资人。

信托SPV：专为家族保障基金设立的特殊目的工具。通过SPV，将资产委托给受托资产管理人，实现信托资产和委托人资产负债的隔离，避免对信托资产的追偿。

受托管理人：受SPV委托（间接受委托人委托），按照信托合同管理信托资产，并分配信托受益权的机构。

受益人：家族保障基金的保障对象，可以包括委托人及其后代，具体受益人范围由信托合同明确约定，另外，信托合同中还应明确约定保障范围、保障金额等。

资金托管机构：为具备一定资质的大型银行，负责对受托资产管理人的投资和受益权分配进行监督。

信托资产：可以是现金，也可以是其他能产生收益的资产，包括公司股权等。但是必须是依法可以转移登记的资产。

（二）各方权利义务

1. 委托人义务

按时完成资产委托，制定信托收益分配原则，与受托管理人共同商讨信托管理主要原则事项。

2. 委托人权利

（1）委托人有权了解其信托财产的管理运用、处分及收支情况，并有权要求受托人作出说明。

（2）委托人有权查阅、抄录或者复制与其信托财产有关的信托账目以及处理信托事务的其他文件。

（3）因设立信托时未能预见的特别事由，致使信托财产的管理方法不利于实现信托目的或者不符合受益人的利益时，委托人有权要求受托人调整该信托财产的管理方法。

（4）受托管理人违反信托目的处分信托财产或者因违背管理职责、处理信托事务不当致使信托财产受到损失的，委托人有权申请人民法院撤销该处分行为，并有权要求受托人恢复信托财产的原状或者予以赔偿。

（5）受托管理人违反信托目的处分信托财产或者管理运用、处分信托财产有重大过失的，委托人有权依照信托文件的规定解任受托人或者申请人民法院解任受托人。

3. 受托资产管理人义务

（1）受托资产管理人应当遵守信托文件的规定，为受益人的最大利益处理信托事务。

（2）受托资产管理人管理信托财产，必须恪尽职守，履行诚实、信用、谨慎、有效管理的义务。

（3）受托资产管理人应该严格保守信托当事人的隐私。

4. 受托资产管理人权利

（1）受托资产管理人有权依照信托文件的约定取得报酬。

（2）受托资产管理人有在信托合同约定下，独立管理信托资产的权利。

5. 受益人义务

维护受托管理人和其他信托受益人的合法权益。

6. 受益人权利

（1）有权按照信托合同获得信托受益权。

（2）受益人有权了解其信托财产的管理运用、处分及收支情况，并有权要求受托管理人作出说明。

（3）受益人有权查阅、抄录或者复制与其信托财产有关的信托账目以及处理信托事务的其他文件。

（4）因设立信托时未能预见的特别事由，致使信托财产的管理方法不利于实现信托目的时，受益人有权要求受托人调整该信托财产的管理方法。

（5）受托管理人违反信托目的处分信托财产或者管理运用、处分信托财产有重大过失的，委托人有权申请人民法院解任受托管理人。

（6）受托管理人违反信托目的处分信托财产或者因违背管理职责、处理信托事务不当致使信托财产受到损失的，委托人有权申请人民法院撤销该处分行为，并有权要求受托人恢复信托财产的原状或者予以赔偿。

7. 托管机构义务

（1）安全保管基金财产；

（2）保存基金托管业务活动的记录、账册、报表和其他相关资料；

（3）办理与基金托管业务活动有关的信息披露事项；

（4）对基金财务会计报告、中期和年度基金报告出具意见；

（5）按照规定监督基金管理人的投资运作。

8. 托管机构权利

（1）在法律授权范围内，对受托人的投资管理行为进行监督。

（2）有权获得约定的基金 托管费用。

第三节　家族保障基金的税收

一、保障基金信托设立时的税收

信托设立时，需要考虑两个税收问题：一是委托人和受托人因信托财产的转移行为而应承担的所得税义务问题；二是委托人和受托人因签订信托合同及办理信托财产产权转移书据时的印花税义务问题。

就所得税而言，从委托人角度看，应根据信托的属性确定委托人对转移信托财产的所得税义务。信托设立时，委托人须将信托财产转移给受托人，这种转移类似于委托人的资产捐赠行为，转移信托财产给受托人时其性质如何界定，如何承担相应的所得税义务，这要视情况而定。

受托人是为受益人的利益而持有并管理信托财产，显然受托人的这种角色不应将其视同接受捐赠资产的主体，其在承受信托财产时不能视为取得捐赠收入，也就不存在承担所得税的问题。

就印花税而言，它是对经济活动中书立、领受具有法律效力的凭证所征收的一种税。信托设立时，委托人和受托人双方需签订信托合同，信托合同本身应视为一种财产转移书据。另外，如果信托财产为不动产或权利性资产，还须通过有关资产或产权管理机构办理信托财产产权变动登记手续，即办理信托登记手续，并领取产权转移书据或凭证。因此，委托人和受托人须分别承担缴纳印花税的义务，受托人应缴纳的印花税不应从受益人的信托财产中支付。

二、保障基金信托存续期间的税收

将信托视为独立的纳税主体，经营性的信托项目要承担因信托财产的经营管理行为而发生的税收，并由受托人作为名义纳税人从信托项目中提取并缴纳税款。其应税项目主要包括以下四种。

（1）信托财产持有行为涉及的应税项目。

（2）信托财产投资行为涉及的应税项目。受托人以信托财产进行投资活动时，取得的投资收益将形成信托收益，根据现行税收制度规定，如果投资收益为企业非上市流通股权的买卖价差，则需缴纳所得税；如果投资收益为被投资企业以税后利润分配的红利，则可免缴所得税，以避免重复征税问题。

（3）信托财产融资行为涉及的应税项目。受托人以信托资金发放信托贷款取得的利息收入、以信托财产开展融资租赁活动取得的租金收入等，缴纳增值税等。

（4）受托人经营管理信托财产获取的毛收益额及向受益人分配信托收益时涉及的应税项目。在会计期末，受托人需对当期经营管理信托财产取得的收入、发生的费用和成本进行会计结算，计算出经营收益，并计算缴纳所得税。受托人向受益人分配信托收益时，如果受益人为企业法人，则所得信托收益应避免重复征税；如果受益人是自然人，则由其按个人所得的税收法规缴纳个人所得税。

三、保障基金信托终止时的税收制度安排

信托终止时，受托人需对信托财产进行清算，清算过程中可能会发生信托财产的处置收入及相关费用，应参照企业清算的相关税收规定缴纳相应的税收。对清算后实现的信托财产价值大于原始信托财产价值的差额部分，应视同信托收益并由信托项目承担所得税。

受托人将该部分增值收益分配给受益人时，对企业法人受益人可免缴或扣减已缴部分所得税，以避免出现重复征税问题；对自然人受益人则由其按个人所得的税收法规缴纳个人所得税。

（一）遗产税

由于资产所有权已转移至受托人，在法律上不归属委托人所有，因此，不属遗产范围之内，进而不用缴纳遗产税。

（二）所得税

受益人获得信托收益的税收问题：国家没有明确的规定，可以将信托受益视为对受益人的现金捐赠，目前的税法规定，个人接受赠予现金不征收个人所得税。

第四节　家族保障基金管理

一、信托资金来源

家族保障基金一般来源于原始资金、资产收益或其他来源。家族保障基金前期主要来源于委托人委托，之后在满足支出比例低于资产增值比例的前提下，保障信托基金规模就可以不断扩张，如图 6－3 所示。

保障基金的其他资金来源包括：按照遗嘱的继承所得、非委托人的捐赠等。

二、信托受益支出管理

支出管理依据：信托合同。

资金支出计划：信托受益分配，分为日常分配和非日常大额分配两部分。日常分配用于受益人日常开支，由受托人每季度通过托管银行支付给受益人，非日常大额分配用于支付给受益人留学、置业、奖学金等非日常支出。非日常分配的范围以及额度应在信托合同中明确规定。

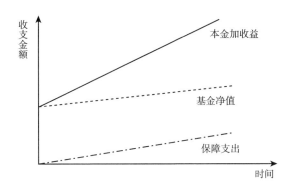

图 6-3　家族保障基金规模不断扩张的情况

信托受益每年平均分配比例不超过前五年年末信托基金净值的 10%，大额消费支出平均每年不超过前五年年末信托基金净值的 2%。

（一）资产配置原则

家族保障基金应兼顾安全性、流动性和收益性。保障基金成立的初衷是保障受益人支出需求，因此，保证信托基金资产的安全性是管理的首要原则，在满足流动性需要的前提下适当追求收益性。受托人对一些非日常大额消费支出有提前的预判，这样可以更好地进行流动性管理。

（二）资产配置基本框架

鉴于家族保障基金的特点，对该信托基金的资产配置做如下基本要求。

（1）固定收益类产品投资比例不得低于 30%，且投资标的的信用等级至少为投资级。

（2）固定收益类投资组合的久期不大于 5 年，其中，到期期限在半年以内的标的总金额占基金上一交易日末净值的比例不得低于 2%。

（3）衍生品投资比例不得高于上一财务年度末基金净值的 10%。不得投资于风险不可控的复杂衍生品，如累积购进期权等。

（4）各类股权投资比例不得高于最近三年财务年度末平均基金净值的 50%，其中，PE、VC 以及定向增发等流动性受限的非二级市场股权投资比例累计金额不超过最近三年财务年度末平均基金净值的 30%。

（5）二级市场股权投资不得投资于 ST、*ST、SST、S*ST 类高风险的股票。

案例：家族信托与大额保单

所谓大额保单，是指缴纳保费额度较高、超出件均保费一定金额的保单，投资性强于保障性，具备"避税、避债、传承"作用。各家保险公司对大额保单设定的保费门槛不一样，有些为 20 万元、30 万元，也有公司要求 100 万元以上才算大额保单。

外界对大额保单（jumbo insurance policy）的用途，第一反应便是资产传承。其是一种隐含利益冲突和道德风险的安排，为海外私人银行广泛运用在各种资产规划的方案中。

目前在境外，许多高净值人士更喜欢采用信托与人寿保险组合的方式，进行遗产传承，提高资金运用效率。保单可提供杠杆和现金流，信托则用来实现长期稳定的资产传承，并一定程度地消除利益冲突。

目前在香港地区，各类保险公司都为高资产人士提供不同的大额保单安排。虽然这些大额保单的原理基本相同，但其保费金额、身故赔偿金数额、保险受益的计算、保单的现金价值以及保险成本的计算都不尽相同。

环亚资产规划有限公司管理合伙人叶一舟向本报介绍了一个基本的大额保单与家族信托组合的传承、融资方案。2010 年，内地人孙刚（化名）通过置业投资移民香港，其中在香港购买物业的房屋按揭为 200 万美元。在中国内地，孙刚的职业为一家项目工程公司的老板。已经到达不惑之年的孙刚，仍是家庭唯一的经济支柱，且背负了包括房贷在内的大额负债。

在这一背景下，孙刚产生了购买大额人寿保险以转移风险的想法。

目前，孙刚手上拥有约 60 万美元的现金流。为避免自己发生意外后，生意上的债务债权会牵扯到家庭成员，孙刚想以房屋按揭的负债额为标准，买一笔保额为 200 万美元或以上的人身险保单。若以 60 万美元作为保费，保险公司核保评估后，认为孙刚能获得的人身保额高达 300 万美元。即向保险公司一次性缴付 60 万美元后，此保单的受益人会在孙刚身故后，获得保险公司偿付的 300 万美元，杠杆比例为 5 倍。

正当孙刚人寿保单核保时，他被告知，公司拿下了一个大型工程项目，亟须 100 万美元左右的前期投入。这时，捉襟见肘的孙刚陷入纠结。如果将 60 万美元用作购买寿险，公司工程就无法兼顾。最好的打算是，将 60 万美元投入项目中，再向银行贷款 40 万美元，这个工程将会在几年后收获颇丰。

这时，叶一舟给孙刚提出了保费融资的资产规划思路，此方案既能解决孙刚的保险需求，又可使其从银行，就此保单的保费部分获得融资。首先，孙刚与保险公司签订协议时，需要将这笔保单的受益人定为他所成立的一个家族信托。他的家庭成员都是这个信托的受益人。同意向孙刚贷款的银行，将与这个信托签订一份协议，并以这份保单的现金价值作为抵押品，向孙刚提供一笔保费融资。

目前在香港的市场情况下，融资额可以做到保单现金价值的九成。保单首日的现金价值，一般为缴付保费的80%。也就是说，孙刚一次性缴纳了60万美元的保费，大概能从银行获得43万美元的贷款。这样下来，孙刚购买这份300万美元保额的保单，只花了约17万美元的成本。这时，保额与实际支出保费的杠杆已由5倍上升至约18倍。

此外，若将孙刚在香港的资产（物业、股票、股权等）抵押给香港的商业银行，申请一笔贷款，上述17万美元的现金流压力，亦能被释放。

即孙刚实现了在无须投入现金的情况下，即时拥有了一份保额为300万美元的大额保单。他每年须承担银行保单贷款利息为1.95%（贷款利率一般为LIBOR加$1 \sim 1.5$个百分点，保费融资贷款利息1.5%，资产抵押利息3%，计算公式：$1.5 \times 0.7 + 3 \times 0.3 = 1.95\%$），这低于万能寿险保单的给付利率（目前市场行情在$4\% \sim 5\%$），意味着可以稳收息差。他也可将保单现有的利息收入存于保单内滚存，以提升保单的未来利息收入。

另一个发生在美国的真实案例是，2005年6～11月，阿瑟·克拉姆（Arthur Kramer）通过其名下的三家公司购买了七份大额寿险保单，所有的身故赔偿金都指向一个家庭信托。他的三个成年子女作为该家庭信托的受益人。阿瑟是纽约州律师，纽约律所Kramer Levin Naftalis & Frankel的创始人之一。

阿瑟不仅使用了大额保单与家族信托结合，而且通过转让信托受益权，让受益人贴现了身故赔偿金。事实上，除了资产保障与传承外，高净值人士还可以通过转让保单受益权的方式，提前兑付保额。

例如，阿瑟后来又通过转让家族信托受益权的方式，间接将保单的受益权转让给了包括瑞信银行（Credit Suisse）在内的众多机构投资者，由投资者支付对价给其子女，从而提前兑现了身故赔偿金。

然而，这种提前兑付有可能会造成一些法律冲突。2008年阿瑟去世后，其遗孀爱丽丝（Alice）拒绝将阿瑟的死亡证明交给包括瑞信银行在内的投资者。对于这些投资者来说，没有阿瑟的死亡证明，他们就没法向保险公司要求赔偿。双方就保单的有效性问题诉争至法庭，从而使这个案例进入了公众的视野。

段和段律师事务所香港分所高级顾问王小刚认为，从财富传承与保障的角度来看，这个精巧而又复杂的安排，体现了方案设计者设计结构的高超技巧和对实践的准确把握。对于中国的高资产人士来说，颇有借鉴意义。

此外，并不是所有投资者都能够受益于这种保单与信托结合的形式。保险公司在批复核保保额时，普遍按是否具有可保性的原则来考量，其一是被保险人所拥有的保额是否与其家庭净资产相匹配，其二是被保险人个人的健康状况。

在上述孙刚的例子中，他需要满足保险公司为他开出的两个条件。首先，其资产净值为所拥有保额的 4~5 倍，即 1200 万美元或以上；其次，孙刚购买上述保险时，身体健康。因为每份保单的杠杆比例由被保险人的年龄、生活习惯（是否吸烟）等条件决定。

第七章　家族公益基金

第一节　公益基金的概念和功能

一、家族公益基金概述

家族公益基金，又称为家族基金会，虽然只有一个世纪的历史，但其是一种机构创新，它吸收了很多以前的慈善传统和历史悠久的法律架构，创造了一种具有法人治理模式的新型的慈善机构。为区别于此前的慈善信托基金，一定要将这类新的慈善机构称为"基金会"而不能称为"基金"。尽管全球用基金会名称的非营利机构有很多差异，不过，一般而言，基金会可以被简单地理解为拥有自己的资产，由受托人或负责人管理，追求明确的某项公共目标的非政府、非营利的机构。

基金会是慈善组织发展到现在机构创新的体现，在吸收了之前慈善传统与历史架构的前提下，现代基金会最优越之处在于引进和消化吸收了公司法人治理结构，从而形成了在非营利部门中的独特功能。

现代基金会保留了信托基金受托人所具有的私有性特点，不过受托人不再是个人，而是集体——受托人理事会。这个理事会是由独立的具有承担能力和责任的个人组成的。理事会成员不能由政府任命，因此，是私有性质的。这样的理事会才能承担类似公司法人治理结构下的功能，即以基金会章程赋予受托人理事会掌控基金的经营权，给予受托人及其继任受托人以决定基金会重大决策事项的权利。现代基金会的主要功能是可以摆脱各种社会势力制约，独立、自主地支持社会公益。

由于非营利组织缺乏资金资源，要同其他社会组织以资源交换方式获得资金，因此，常常摆脱不了依赖其他社会组织的命运。现代基金会拥有自己的机构资金，可以使用所掌握的庞大受托财产去建立或支持其他非营利机构。因此，在各类非营利组织中，现代基金会对社会各类组织的资源依赖程度最低。这就是为什么相对于整体非营利组织和总的慈善捐助规模而言，基金会的数量和总的资源很小，却是非营利组织重要组成部分的原因。

还有一个重要功能是适应社会变迁，灵活地拓展社会公益目的和目标。信托基金大都是遵照遗嘱建立的，公益目的和目标一旦确定一般不能改变，而现代基金会运用现代公司的法人治理结构，完全突破了这个限制，不仅在外界环境发生变化的情况下，受托人理事会有权利和责任重新界定基金会的目的和目标，而且鉴于受托人理事会所具有的独立性，他们选择目的和目标的原则不同于以往的慈善传统，不是直接提供社会服务解决社会问题，而是站得更高，希望寻找社会问题的根源，侧重于从根本上促进一个良好社会的构建。总之，现代基金会具有适应新的社会需要和时代变化的应变能力。

在基金会法律规范的推动下，所有独立受托人理事会所运作的私人基金会都必须向公众开放，向社会公开所有活动和公布账目。公开透明成为基金会的准则，内部管理也因而走向科学化、专业化，大型基金会由此成为社会瞩目的公共信托机构。

所谓家族基金会，是由家族发起的资助和开发非营利性的公益事业，包括文化、科学、教育、社会救济等。通过设立家族公益基金，家族可以实现回馈社会的理念，也可以避免由遗产继承产生的大量税收。

二、家族公益基金的功能

（一）团结家族

家族是中国社会的基石。但是，当为了进步而作出的共同牺牲被财富和享乐所取代时，富足的家族可能不会有太多机会来重申他们的核心价值观，包括刻苦用功、自我牺牲和仁义之心。家族基金会提供了一个独特的机会，可以让家族成员经常加强家族联系以及提醒大家提高社区质量的责任。同时，基金会还可以延续家族的价值观念。

（二）促进社会和谐

中国经济增长给很多人带来致富机遇。但是，还有更多人在等待他们致富的机会。为了让整个社会秉持人人致富的理念，那些已经得到财富的人们，应该给予那些还缺少机遇的人关键的支持作用。建立家族基金，为乡村教育、环境保护和社会服务建设做出贡献的同时，家族可以充分体现个人财富帮助社会整体改善生活的重要意义。

（三）树立典范

在经济发展的过程中，兴建高楼大厦被视为能被他人记住的光荣事迹。但是，在中国持续的发展过程中，更多的家族走向成功，开创新产业、兴建新建筑已经不能在大多数中国人心中留下深刻的印象。只有给那些不幸的人提供机会，让世界更美好，富足的家族才能真正给国家留下深刻的记忆。在美国，早先的百万、亿万富翁建立了家族基金会，捐赠了部分财产造福他人，其理念及精神传承至今。

（四）表达理念和兴趣

富裕的家族不仅热衷于创造和传承物质财富，还希望创造并传递其精神财富，他们希望利用特殊的机会向整个社会表达他们的理念和兴趣。社会上的许多人相信企业家精神可以给自己带来持续的成功。通过建立基金会，富裕家族可以实现自身的教育理念，比如在正式教育贫乏的地区开展商业才能培训，或资助艺术培养以鼓励创造性人才的发展，从而对社会长期的成功起到至关重要的作用。

第二节　现代家族公益基金发展和分类

一、现代家族公益基金的演进

标志着现代基金会起源的第一个历史线索来自埃及人、希腊人和罗马人对修道院、大学、医院和其他慈善机构的捐赠。尽管中古时期接受捐赠的机构不同于20世纪的基金会，其活动的范围受到严格限定，但是，正是这些古老的机构开始形成的法律和惯例使现代基金会成为可能。在古代，有将家族资产作为礼物赠予慈善机构的习俗，之后渐渐地出现了掌管慈善机构的教规。这些保护捐赠和捐赠者意愿的手段——处理身后财产的遗嘱、平衡法院和信托机制——在中世纪后期即已取得合法形式。它们打通了通往现代托管和法人治理结构的道路。在17世纪伊丽莎白女王时代正式以法律的形式将慈善信托作为习惯法确定下来。

所谓慈善信托，是一种公正实施的义务，而不是一个法人机构。它委托一个人（受托管人）作为某些特别财产（托管的财产）的所有人，管理这些财产用于慈善目的。慈善信托被法律承认后，解决了捐赠财产由私人管理服务于公共目的的问题，为个体公民创建社会公益财产提供了法律工具。不过，有两点不尽如人意。第一，慈善信托并非一个组织，只是一种公正义务，且一旦受托就可以无限期地存在。为了保护这种义务的实行，协议规定的受托目的不可改变，也不可筹集公众捐款，这就会限制这笔公共财产的使用和发展。第二，慈善信托遵循的是习惯法，信托声明或协议就是捐赠合法的证明，无须再履行其他任何法律手续，法律的保护不够严密。由于将履行公共义务的责任完全落在受托人身上，使捐赠具有一种隐私性，既可能鼓励不愿声张的富人的捐赠，也可能发生欺骗、管理不善或者滥用的问题。在慈善信托基础上诞生的现代基金会是现代非营利组织领域中一项重要的制度发明，它源自美国。对此，詹姆森·史密斯教授曾指出：

可以毫不夸张地说20世纪早期慈善事业发生了革命。小约翰·D. 洛克菲勒和一些富有的捐赠人，其中最著名的有安德鲁·卡内基、格丽特·奥利维亚、斯洛克姆·塞森，一起创造了一种完全不同的慈善机构。与老式的基金不同，这些新的基金会有明确的目标。以永久存在的受委托人委员会或理事会为依托，其管理方式是私有性的，而其使命却是服务于公众利益，他们可以使用所掌握的庞大受托财产去建立或支持其他机构。自19世纪90年代以来，这些捐赠人及其顾问在慈善事业、事业管理方面进行一系列制度上的试验。他们建立了许多机构，包括很多研究院及特殊基金，如洛克菲勒研究院、理事会、委员会。

现代基金会不再依托信托形式而成为公司化的法人实体，其法律依据是公司法。将公司的组织形式用于慈善机构的设立，已经被历史所证明，这的确是一个伟大的制度创新。它彻底改变了慈善的传统组织模式，使捐赠出去的私有财产既保持其私有特征，同时又具备法人治理结构的性质。由理事会或董事会负责决策的这种结构，使慈善组织在外界环境发生变化时，捐赠人能够"赋予受托人及其继任受托人具有重新界定慈善机构目标的责任"。

这样的组织形式不仅适用于基金会，而且适用于一切愿意使用法人治理结构的非营利机构，包括医院、大学、老人院、研究院等。捐赠人可将其财产以信托声明或协议的方式，转交给受托人管理。

二、现代家族公益基金的分类

（一）公益基金的界定

对于基金会的界定，一般认为，它与其他非营利组织的不同点主要体现在活动的主体不同，并非是一种成员的活动而是资产或资金的活动，是财产的集合而非人的集合。对于基金会的法律界定，英美法系和大陆法系各不相同。在同种法律体系中，各国的法律不同，界定也不同。

如前所述，英美法系对于基金会的界定来自信托制度。只是信托制度产生于现代基金会诞生之前。信托财产可以构成一个单独的基金，受托人根据信托条款和法律给予它的特殊义务，例如慈善信托的义务，管理、使用或者处分这个基金（信托财产）。可见，信托制度不是为基金会所设立的，而是基金会这类组织的财产本质是慈善性质的信托财产，应该遵循信托制度的基本概念进行管理。在英国、澳大利亚等英美法系的国家，由于关于非营利组织的法律形式是逐渐积累起来的，所以基金会可以采用慈善信托的形式，依据信托法不办理正式的法律登记，也可以办理正式结社的法律手续，以及选择公司的登记形式。这种公司是一种特殊的公司，尽管各国对其称呼不同，有的称为非营利公司或者慈善性公司，有的称为公众性公司或者有担保的有限公司。

美国没有关于基金会或非营利组织的法律，而是用限制或激励程度不同的税法条款来区分不同类型的非营利组织。

在大陆法系中，基金会是私法人性质的公益性财团法人。大陆法系中的私法人分为社团法人与财团法人。社团法人是人的组织体，各种公司、合作社、各种协会、学会都属于社团法人。财团法人是财产的集合体，各种基金会、私立学校、医院、图书馆、博物馆、科学研究机构、宗教教堂、寺庙，以及孤儿院、救济院等慈善机构都是财团法人。财团法人的实质在于其财产捐赠，它的设立基于捐助行为或者遗赠行为。公益性的受赠财产形成的财团法人叫作基金会，它依照章程而独立运作，不受捐助人或者遗嘱执行人的干涉。

（二）国外家族公益基金的分类

一是按照基金会的资源来自公众或者私人，分成公共类和私人基金会。公共类型的基金会资源的 1/3 或者 1/3 以上来自公众的捐助，低于这个比例，尤其是公众的捐款的支持率低于 10% 的基金会，属于私人基金会。二是美国社会惯用的分类方式，按照基金会发起者的性质，将基金会分为独立基金会、运作基金会、社区基金会和公司基金会四类。独立基金会是家族型的，历史最悠久的洛克菲勒基金会、卡耐基基金会都属此类。运作基金会的历史比较短，它的资金主要用于自己成立基金会时就决定了的项目而不是分配这些资金给其他非营利组织做项目。社区基金会一开始由几个社区内的中产阶级合伙发起，在后来的历史演变过程中变成主要由社区公众筹款用于社区发展的公共类型的基金会。公司基金会一般由一个大公司发起，公司根据规划，每年将自己的一部分利润放在基金会里运作，用于公益目的。这类基金会一般有非营利公司法人的身份，不过对于公司的依赖性是很强的。

根据美国《税法》501（C）（3）的条款，只有社区基金会完全符合公共慈善机构的标准，脱离了私人基金会的范畴，才可以获得最高的免税待遇。而对于私人基金会，美国的税法规定了一系列譬如规定强制性支出、投资收入税的比例等多项限制条款，以制约私人基金会可能发生的假公济私、损害公益的行为。还要注意的是，在现代，基金会代表的是公益性财团这类非营利组织的性质，而不仅限于名称。一些具有基金会性质的组织未必都用基金会作为自己组织登记的名称。例如在美国，历史悠久的社区基金会在组织名称中还以"基金会"作为称谓，而后来成立的同样性质的社区基金会往往选择了其他更有社区特征的名字，而不再叫某某基金会。还有一些从事公共募捐的慈善机构，例如美国的联合之路（United way），从未叫过基金会，却每年筹款30亿美元以上，其资金规模和社会影响力远远大于许多基金会。

还有一种分类，是根据基金会所从事社会公益服务的领域而进行划分的。只是，一般而言，大型基金会总是从事多个社会服务领域，因此，很难进行单独领域的统计，即便进行也只能看个大概。

（三）中国法律对基金会的定义与分类

根据我国很多学者的观点，中国的基金会和民办非企业单位法人本质上都属于大陆法系中的财团法人。而国际社会认为，中国的法律体系是受传统思想、大陆法系和社会主义法系三类法系影响的法系。我国先后颁布了《基金会办法》（1988）和《基金会管理条例》（2004），两部行政法规中给出的基金会定义略有不同。《基金会办法》第2条规定，基金会是指"对国内外社会团体和其他组织以及个人自愿捐赠资金进行管理的民间非营利性组织"，是"社会团体法人"。

《基金会管理条例》第 2 条规定，基金会是指"利用自然人、法人或者其他组织捐赠的财产，以从事公益事业为目的，按照本条例的规定成立的非营利性法人"。后一个定义将捐赠物以财产来替代资金，指明机构的公益性质，并以非营利法人来替代社团法人，表明了新的行政法规更倾向于必须区分基金会与社团。只是中国的法律中还没有财团法人的概念，所以用了"非营利法人"这个词。

中国基金会的合法分类，属于 2004 年《基金会管理条例》的创新内容。根据条例，中国基金会分为公募基金会与家族公益基金两类，并且按照募集资金的地域范围，将公募基金会划分为全国性和地方性两类。公募基金会与家族公益基金的本质区别是，前者可以直接向社会公众公开募捐筹款，后者则不行。表面上看，这个分类类似于美国关于公共筹款机构和私人基金的分类，其实不然。因为家族公益基金不仅可以包含私人基金会，而且还可以容纳不公开向社会募捐、以动用社会关系募款和接受捐款的公共性质的基金会，这就保护和促进了小型公共筹款组织的发展。在中国基金会与非营利组织研究当中，还产生了类型分类法。第一种类型分类，其依据是基金会（也包括其他非营利组织）与政府关系的密切程度。例如，将"官办"与"民办"作为谱系的两端，在纯官办和纯民办基金会的中间，再划分官办民助型与民办官助型两类。纯官办基金会的例证为国家自然科学基金和国家社会科学基金，但根据《基金会管理办法》的规定，这类组织不属于基金会，而是国家出资的事业单位。官办民助型基金会，例如宋庆龄基金会。民办官助型基金会有些争议，一般指基金会运作、管理及工作模式是自行决定的，政府部门以资金支持、组织介入等方式进行帮助。这类基金会很多，迄今为止，大部分国家登记的基金会都属于此类。至于纯民办基金会，如吴作人国际美术基金会、李可染艺术基金会、北京国际艺苑美术基金会等。也有人将"官办"与"民办"作为"你中有我、我中有你"的诠释，划分了纯官办基金会、具有民办色彩的官办基金会、具有官办色彩的民办基金会三类。

中国首家国家级公募基金会成立于 1981 年——中国儿童少年基金会。不过，其实民间自办的基金会要早于这个时间。中国的地区基金会是改革开放的产物。最明显的表现是在南方沿海地区，由于经济的高速发展，以及海外华侨纷纷在国门打开后报答养育之恩，各种称为基金会的社会组织层出不穷。甚至顺德的有些乡镇，村村都成立基金会，一个镇有十几、几十家基金会。江西还有称为储金会的村庄组织。在《基金会管理办法》出台之前，基金会在没有任何法律登记规定的条件下发展，自然是鱼目混珠、泥沙俱下。1988 年 9 月，《基金会管理办法》出台，到 2004 年新条例颁发实施，这一阶段是基金会规范发展的阶段。根据当时的情况，《基金会管理办法》规定基金会的注册资金最低 10 万元，而且成立一个基金会不仅需要一个政府部门承诺予以主管，还需要中国人民银行给予审批，最后还要报国务院通过，才能予以履行登记手续。这样的登记前的必备条件和程序，已经超越了行政法规。可见基金会在规范发展的同时也被限制发展。

第三节　家族公益基金的作用、意义和政府的关系

一、家族公益基金的重要意义

自现代基金会建立以来，慈善事业"不仅可以是大规模的、组织结构良好的、有广泛前景的，而且还应该是更科学的"。它不仅"考虑组织和效率"，而且"痴迷于 19 世纪伟大的科学进步"，希望在慈善领域也能取得"像生物学和医学那样的成功"。是现代基金会使传统法律意义上的古典慈善步入了科学慈善。

（一）聚集大批公益资产，促进社会进步

现代基金会的主要作用和意义在于以自愿的方式集聚了大规模的可用于社会公益的社会资产。据不完全统计，在 2000 年，美国基金会达到 56600 多家，资产总额达 4860 亿美元，每年向社会资助达 290 亿美元。据欧洲基金会中心统计，全欧洲总计有 8 万 ~ 10 万家基金会。发展中国家也出现了大量基金会，如据估算，阿根廷有 1700 家基金会，韩国有 4000 家，土耳其在过去 30 年中建立了约3600 家基金会。

（二）独特的理念代表着家族品牌

例如，卡内基公司基金会的使命是"增进和推广知识与理解"，洛克菲勒基金会则是"促进全球的人类幸福"。

（三）较完善的治理结构和先进理念使得公益基金运作效率较高

现代基金会具有类似公司的法人治理结构，加上筹集资金的稳定方式，这使现代基金会具有适应新的社会需要和时代变化的应变能力和可持续发展能力，其运营效率一般要高于其他非营利机构，而且可以通过创造高效率的赠款途径带动受赠机构同样高效率地运营。

（四）公益基金的全球化运作，使得其在世界范围内弘扬家族品牌

凡大规模的基金会都把慈善与社会公益的业务范围界定在国家或国际的水平，而并未限制在某个城市或地区，这对于推动公益事业的发展具有开放的意义。同时，公益基金的全球化运作，有助于在世界范围内增强家族品牌的影响力。

二、家族公益基金与政府的关系

由于基金会是法律认可的可以积聚和分配大宗社会财产并以此直接影响社会政策和社会意识的重要社会组织，所以，各国的政府对基金会的重视都超过其他非营利社会组织和机构。作为第三部门的重要组成部分，基金会一直是以独立部门的形象出现的，它们独立于政府，自行决定自己的资助方向。因此，国际社会一般认为，基金会应该比政府的目光更远大。在与政府的关系中，基金会要做政府做不了、做不到的事情，例如政府短视，基金会就要注重长远效益，政府在某一领域干预过多，基金会应避免再干预这个领域，如果政府在某一领域做得不够，基金会理应多做一些。无论政府的态度如何依据社会时势而变，基金会都不会改变自己的使命和目标，所以，基金会的独立性是根深蒂固的，几乎不受政府的影响。基金会与政府之间的关系是在保持各自独立基础之上的合作伙伴关系，两者互帮互助。

政府在登记注册、税收减免、资金资助、项目委托等诸方面给予基金会以法律的、行政的、财务的帮助，同时基金会必须遵守法律承诺，提供社会公益服务，表现好的基金会可以得到政府更多的政策鼓励。基金会还可能通过项目资助和政策倡导直接或间接地影响社会政策。为了推动基金会的社会作用，各国政府还往往采取直接建立一些重要的基金会的做法。德国在这方面最为典型。德国的大型基金会不是政府直接建立就是由政府给予年度稳定资助。当然，政府一旦将资助给予了基金会，这份财产就依法成为基金会而非政府的财产了，同时基金会依法独立决策和独立运作。这些规定都保障了基金会不是政府的而是独立的社会部门的一部分。各国大型基金会的理事会还经常选聘退出政府职位的高官担任基金会会长，以增强基金会的社会影响力，促进基金会的发展。美国著名基金会如洛克菲勒基金会、福特基金会的历任会长中都曾有从国务卿职位退下来的官员。基金会与政府之间的合作伙伴关系建立在基金会独立的基础之上，只有独立于政府，才能发挥其独特的作用以帮助政府。

第四节　家族公益基金的运作

家族公益基金并没有统一的运作模式，各个基金会的理念、运作方式都存在较大的差异，但是不同的公益基金也有很多共通的东西。

案例：世界上"最有钱"的慈善基金会——比尔·盖茨基金会提供了值得中国家族公益基金学习的案例

比尔·盖茨于1994年创立威廉·盖茨基金会，当时基金会的目标是在世界范围内推进人类健康。1997年，盖茨和夫人梅林达又成立了一个新的基金会：盖茨图书馆基金会，目标是帮助美国的公共图书馆接上互联网。1999年，该基金会更名为盖茨学习基金会，由资助公共图书馆转变为资助家庭困难和少数族裔的学生，让他们有上学的机会。2000年盖茨名下的两大基金会合并成为比尔与梅林达·盖茨基金会，其工作重点也合并在一起，致力于扩大以下四个方面的权益：全球卫生保健、教育、图书馆公用计算设备以及给予美国西北部太平洋沿岸地区弱势儿童和家庭的支持。2005年6月26日，世界第二富翁巴菲特宣布将自己85%的身家捐给世界首富比尔·盖茨创立的基金会。这笔约370亿美元的捐款使盖茨基金会成为世界上较有钱的慈善基金会。盖茨基金会是怎样运作的？有这样几个特点。

第一，领导者不是慈善专家。盖茨基金会管理模式与商业企业相似。基金会理事会有三名理事，分别是盖茨、梅林达和盖茨的父亲，他们是领导基金会运作的三驾马车。除了盖茨夫妇之外，律师出身的老盖茨对慈善事业其实也相当热心，1994年盖茨成立第一个基金会时，领导工作其实是由老盖茨来完成的。在理事会下面设有CEO，负责具体工作的执行。现任CEO是帕蒂·斯通斯福，此人在进入基金会之前也是盖茨的老部下，在微软公司担任高级副总裁。理事会与CEO都不是慈善专家，基金会的运作启用职业经理人。这种基金会管理模式被很多人称为慈善资本主义。

第二，基金会的目标是找到最好的人和最好的项目。盖茨不认为基金会应该招募更多懂行的专家，他认为基金会最主要的功能其实是一个召集人的角色，其目标是找到最好的人和最好的项目，至于项目具体怎么执行、善款具体怎么花则并不是基金会要操心的。只要职业经理人这些人在基金会的资助宗旨下找到好的项目和好的专业慈善机构就可以了，至于这些善款该怎么花，那就是专业慈善机构的事情了。

第三，基金会应当懂得赚钱。盖茨基金会的工作人员除了知道怎么找人、找项目之外，他们还有一项重要工作就是要懂得怎么赚钱。虽然慈善基金会不以营利为目的，但这并不等于说慈善基金会就不能赚钱，相反，慈善基金会的一个重要内容就是要赚钱，不能坐吃山空。因此，基金会中还有一些工作人员要懂得投资。2004 年盖茨基金会就被中国证监会批准成为中国股市的合格境外投资者。

很多基金会也是这样做的。福特基金会就有专门的部门负责投资理财，为基金会提供源源不断的资金。诺贝尔基金会也是依靠投资获利来为每年的诺贝尔奖提供巨额奖金，保障了这一国际最著名奖项的生命力。中国的家族公益基金处在起步阶段，规模也不能跟盖茨基金会相提并论，但还是可以从国外基金会的运作中学习很多东西，同时要摸索自己的道路。一个优秀的家族公益基金应当在五个方面表现良好：使命、领导、管理、专业、财务健全。

从上面我们可以看到一个基金会如果有效运作包含以下几种元素。

一、明确基金使命

使命，是一个组织的发展方向，包括组织的核心业务是什么？谁是组织的服务对象？服务对象重视的价值又是什么？等等。回答了这些问题，就能够给组织一个定位。

（一）使命引领基金会的行动，也使捐赠人受益

宝钢教育基金会是在 2006 年成立的，它的使命很明确：扶持教育特别是高等教育的发展。实现这个使命的主要做法就是在各个大学设立奖学金，奖励品学兼优的学生，同时，基金会也兼顾其他与教育相关的资助活动。基金会的各项业务就在此基础上展开。宝钢教育基金会定位于教育，在基金会成立多年以前，宝钢自己就已经围绕这个主题开展了持续、稳定的慈善活动，基金会是对此的进一步延续，因而宝钢和基金会已经在教育界确立了稳固的形象。明确的使命，使基金会成功而具有生命力，造福于社会，同时又树立了宝钢作为国有大型企业关心

国家人才培养、关心社会发展的正面形象，另外还使在校大学生对宝钢产生归属感，对宝钢吸引人才也大有益处。

但并非所有的家族公益基金都能明确自己的使命。有的家族公益基金宗旨过于宽泛，没有明确的使命，在实际运作时也就不能确定系统的长短期计划，可能会比较随意地安排一些目的性分散的公益活动。在具体项目落实上，没有使命的指导，基金会对项目的价值和社会效益就没有清醒的估计。结果，基金会用了很多钱，却不能使某类群体集中受益，对社会的实际贡献与基金会资金的投入不成比例，基金会本身树立不起一个鲜明的形象，也很难提高捐赠人的社会形象。长此以往，基金会确定不了发展方向，不利于内部管理，还容易使捐赠人对基金会丧失信心而不再给予支持。

（二）发起者的战略目标与基金会使命相一致

在中国，无论是企业还是个人设立家族公益基金，基本上还不能达到完全以奉献社会为目的，不考虑企业或个人发展的境界。特别是企业设立的基金会，设立的目的之一就是配合企业发展战略。只要能够真正对公益事业有利，企业出于自身发展而设立基金会也是无可厚非的。在这种情况下，企业战略目标是否会与基金会使命出现矛盾呢？基金会是为不特定公众服务的公益组织，如果企业基金会过度倾向于关注企业利益，而不是帮助服务对象，那么基金会的行为可能会违背公众意愿，不能满足公众的期望，从而使基金会形象受损、企业形象受损，那么基金会就丧失其设立的目的。另外，基金会确立的使命与企业的发展方向无关。在现阶段来说，如果出现这种情况，那么企业在设立基金会问题上就比较难以获得它所期待的社会效益。理想的状态是企业与基金会互惠互利，共同发展，既实现基金会服务社会的功能，又帮助企业因支持公益慈善事业得到合理回报。基金会使命的确定，有时是帮助加强企业的社会形象，有时却是对企业社会形象进行补充。一家生产儿童用品的企业，如果它设立一个基金会，以提高儿童福利为使命，那么基金会就可以帮助企业强化"为了孩子"的社会形象。一家在生产过程中曾经被批评为损害环境的企业，如果它除了进行环保方面的技术改造以外，又设立一个以环保为目的的基金会，那么可能对企业形象进行多方面的弥补。两种做法都应当顺势而为，不能妄图欺骗公众。如果在设立基金会支持环保项目的同时，企业被曝光继续有污染环境的行为，那么基金会和企业都没有诚信可言，两者的策略都是失败的。

在确定了组织使命之后，家族公益基金应当怎样通过行动来实现使命同公募基金会一致，作为非政府的非营利的个体组织，家族公益基金可以确定一个宏大的使命，但基于组织个体力量的有限性，只能在使命的指引下确定一些具体的计划，通过具体的活动，有针对性地选择自己的"客户群"即服务群体来体现组织为实现使命而做出的努力。因此，家族公益基金的外部活动，无论是长期的活动，还是一次性的资助，基本上都可以划分为一系列项目的组合。

（三）项目与基金会使命的吻合

对于家族公益基金来说，项目的选择非常重要。首先要关注的是项目与基金会使命的匹配，其次关注它们所资助项目的成效。基金会要选择做什么项目，有这样一些评价标准：项目的质量和重要性、受助对象对这笔捐赠的需求程度、受助对象有效使用资金的能力、基金会通过资助项目可以得到的受益情况等。家族公益基金筹款的压力要大大低于公募基金会，但它们的难题是怎样把钱花好，这绝不是一件简单的事。我国家族公益基金应当学习国外基金会的成功经验，特别是学习它们的风险意识和决策方式。凯洛格基金会提出了基金会提高资助项目成效的思路。凯洛格基金会由美国凯洛格集团创始人威尔·基斯·凯洛格创建于1930年，最初为一家儿童福利基金会，关注儿童的就学和健康。后来改名为"凯洛格基金会"，成为世界上最著名的基金会之一。它全面关注社会进步和稳定，宗旨是"通过知识与资源的运用，帮助那些自助的人提高他们及其子女的生活质量"。凯洛格基金会的基本哲学理念是总结、推广从捐赠实践中获得的经验。同样，它也重视评估工作、市场营销和方法论。基金会借用"风险分析"的方法制定战略来进行创新性的捐赠社会变革，包括界定捐赠的风险、分析风险并排序、制定相应的应对措施、最后确定最有效的战略。这套方法有助于降低捐赠目标变化的风险。基金会用"战略规划论"来解释其项目发展和捐赠。战略规划论分为八个阶段：第一，通过环境评估，决定目标地区捐赠的需求和社会环境；第二，依据环境分析得到的信息，研究决定该地区环境是否处于基金会优先考虑的序列范围；第三，在决定活动的地区后，制定包括目标、战略和实施方法等在内的战略规划；第四，整合行动计划；第五，实施捐赠后，监督计划的执行；第六，对项目执行的文件和结果进行评估、分析和总结；第七，总结经验教训，为今后的项目开展提供创新性的营销方法；第八，收集和使用大量前期活动的信息和经验，指导基金会在新领域实施项目的规划。

二、确定运作模式

家族公益基金在选择它们具体做什么事情，怎样开展资助时，有两种方式：一种是直接运作项目，自己既扮演出资者又扮演运作者的角色；另一种是规划和设计项目之后，委托其他公益机构完成。很多基金会目前比较倾向于自己来直接行动。这样，基金会要作好宏观上的活动规划设计、受助标准的确定、组织受助者的选拔、宣传和公共关系、活动结果的评估和公布。除此以外，基金会还要负责候选受助人员的层层遴选、一对一发放资金，至于受助人员信息沟通、每人受助效果的回馈等也要全部由基金会自己来完成，这个任务对基金会有限的人力、物力来说显然是过于沉重了。直接深入自己所不熟悉的领域，工作的效率也不可能高。成本高、效率低，获得的社会效益必然低于期望值。在这种工作压力下，有的家族公益基金可能还不得不削减项目规模。如果依靠一些已经建立专门渠道、专门活动方式的专业公益慈善机构来做具体工作，效率可能会大大提高。例如，有的家族公益基金向中国青少年发展基金会、中国扶贫基金会、中国红十字基金会等知名的公益机构进行捐赠，合作完成一些项目，双方都比较容易对项目执行结果感到满意，还可以共同提高知名度。但很多家族公益基金又认为值得信任的公益机构太少。国外大型的基金会一般倾向于只扮演出资者的角色。这是公益慈善事业进入成熟阶段的表现。社会上已经存在着足够数量的大大小小的使命非常具体的慈善机构，这些机构把基金会作为重要的资金来源之一，它们选择与自己使命一致、可能提供资助的基金会，提出项目建议，申请资助。基金会则对大量的项目申请进行筛选，以期被选中的项目合并起来形成体系，可以实现基金会的目标。基金会也会公布自己在一段时间内感兴趣的领域和工作目标，以帮助申请者确定申请方向。当然，一旦双方达成协议，基金会将一定程度地介入项目的运作，对项目实施严格的监管。对基金会和受助机构来说，这是对双方都很有利的合作方式。例如，Save the Children 是一家服务于儿童领域的国际慈善机构，它有时会向福特基金会申请项目合作。福特本身的关注领域包括儿童，而 Save the Children 在这方面是专业和卓有成效的，因此，两者容易形成合作关系。Save the Children 有直接深入最基层地区的办事机构和工作人员，直接与最终的受助对象建立联系；而福特基金会没有也不需要专门为了儿童项目向基层派驻机构和人员，它主要是依据双方合作协议、Save the Children 所提供的项目建议书、定期的工作报告、财务报告，以及临时派出工作人员随访等这一类形式来控制和监督项目的运作情况。基金会不必事事亲力亲为，投入较少的工作人员和精力就可以推动基金会的事业按计划进行。作为在具体领域工作的专业机构，其工作效率比非专业机构更高，在得到了需要的资金后可以把事情做得更多、更好。为了获得基金会的支持，申请到合作机会的专业慈善机构也必须注重诚信。这样，基金会所提供的资金能够带来的社会效益和实现效益过程中的效率都比较高。这确实是一种比较理想的方式。

目前，国内的家族公益基金和其他运作型公益慈善机构（包括公募基金会）还没有形成这种成熟的分工合作。但应当可以预料到，这是一个有利于资源整合的双赢的发展趋势。要实现这种分工合作，需要家族公益基金和其他运作型公益慈善机构的共同努力。家族公益基金也负有培养专业的公益慈善机构的责任。

美国管理学家提出，基金会应当向风险投资家学习，考虑将仅仅局限于非营利组织的服务项目的投资，扩大到公益机构本身的组织需要方面。在家族公益基金对运作型公益机构进行资助、进行项目合作的过程中，基金会经常忽略影响公益机构兴衰的问题，它们认为公益机构本身运作的各项常规开支不应当占用项目资金，公益机构的发展与基金会等资助者无关。基金会的这种态度鼓励公益机构把注意力放在近期职责的实现上，而忽视组织的生存能力。目前，我国公益机构普遍面临着严重问题：很少人愿意为这些机构本身的发展注入资金，从而导致公益机构经费不足，组织建设中的迫切要求往往被忽视，包括对服务对象跟踪的实施，策划新项目，员工的培训和发展，财务管理、质量管理、人力资源管理的改进等。这些都是提高公益机构工作水平的重要因素。事实上，基金会与运作型公益机构有一个共同的目标：改善它们服务的社会领域的状况。但是，基金会等出资人一般只关注其项目的效能，而运作型公益机构则要保持组织本身的健康发展。

因此，风险投资公司的运作模式是值得借鉴的。这类公司除了投入资金以外，还严密监管被投资公司，提供管理上的支持，并在长时间内渗入公司内部，以确保被投资公司的发展。同样家族公益基金也可以采取这套规则，培养自己选中的运作型公益机构，与其建立长期的关系，使这些公益机构能长期帮助基金会开展工作。基金会可以雇用组织机构方面的专家来帮助受资助的机构，可以延长对受助机构的资助期，帮助它们加强能力。运作型公益机构可以明确提出包括短期项目和机构长期发展在内的资金使用需求，向基金会提出申请长期资助的要求，当然要给出明确的具体计划，使基金会的长期资助合理有效。甚至，家族公益基金可以根据需要创建一些运作型公益机构。

三、外部关系

（一）公共关系

作为一个公益组织，特别是以社会效益而不是可衡量的产品或服务为主要产出的非营利机构，公共关系对家族公益基金来说是举足轻重的。家族公益基金要做些什么，做了什么，不是仅仅满足自身或捐赠者的认可，它需要接受公众的评判，只有被公众承认，它的工作才能算是有效果的。一般来说，公共关系的定义如下：公共关系是一个管理功能，它评估重要的公众态度，确定与组织或者个人有关的公共利益的政策和手续，执行一个项目以获得公众更多的理解和接受。

公共关系战略规划分为 7 个步骤。第一，确定与组织相关的拥护群；第二，衡量组织拥护群的印象与态度；第三，建立主要拥护群的印象与态度；第四，发展有效的公共关系战略；第五，公共关系危机的准备；第六，采用独特的公共关系手段；第七，付诸实施和评估结果。拿一个大学基金会来说，它的相关拥护群不限于在校师生，其范围扩展到校友、与学校有合作关系的人、关注学校发展的人、学校所在地区的公众等。这些人群又可以根据他们对学校的利益关系、关注程度、社会影响力等分为不同的群体。针对不同的群体，基金会需要采取不同的公共关系战略，使其建立对基金会和大学的友好态度。公共关系危机的准备，对基金会来说是必不可少的，一次危机的爆发可能毁掉数年的工作成效，甚至使基金会一蹶不振。战略导向的公共关系方法是处理这类危机而不是被这些危机所控制，为那些不可避免的、不期望发生的灾难作好准备。培养与媒体的牢固关系，并且准备处理媒体造成的紧急情况，要能够从容地应付媒体的采访。组织最终依赖于公众的亲和力。因此，在任何危机中，公众的利益都应该放在组织利益之前。

（二）政府关系

与主管单位建立良性关系是家族公益基金外部关系中的另一个方面。没有政府的认可，基金会的任何活动都寸步难行。首先，如果基金会自行其是，违背法规和政策导向，那么它的活动可能干扰政府的决策与行动，必然会遭到阻止。基金会要注意，某些领域涉及国家安全和社会稳定，草率行动可能给国家带来的负面影响要大于积极作用，必须谨慎行事。其次，没有政府的同意，基金做很多事情会遇到障碍，比如，基金会要在某个贫困地区开展扶贫，如果未与当地政府沟通好，在当地就可能不被信任，遇到阻力。而如果事先与当地政府进行了沟通，达成了一致，还会得到当地政府的帮助，使工作效率和实际成效大大提高。再次，良好的政府关系也可能给基金会带来税收等方面的优惠，政府对基金会的正面评价也是提高基金会声誉的重要力量。在国外，那些历史悠久的大型基金会与当地政府的关系是友善的、合作的。虽然它们在很多领域发挥引导和前驱作用，可能比政府还要超前，但它们的活动绝大多数是符合政府的希望，并得到政府认可和支持的。很多基金会与政府有长期合作关系。

家族公益基金与其业务主管单位的关系，是政府关系中重要的一环。按照我国法律的规定，家族公益基金必须接受业务主管单位的监管，那么家族公益基金也应当把业务主管单位当作自己可以利用的资源。业务主管单位可以在以下五个方面给家族公益基金提供帮助。第一，提供信息资源。业务主管单位作为政府部门掌握的信息比基金会要全面、系统，可以帮助基金会选择活动领域和项目实施方向。第二，提供合作机会。业务主管单位可能本身会提出一些项目需求，可以委托基金会合作完成，或者是基金会可以寻求业务主管单位帮助建立到基层活动的渠道。第三，扩大宣传力度。借助业务主管单位的权威性，基金会比较容易宣传自己的正面形象。第四，提供政策指引，避免基金会走弯路。第五，帮助基金会与其他政府部门进行沟通。由业务主管单位出面的沟通，有时要比基金会自己去联络有效得多。

四、基金保值、增值

家族公益基金掌管捐赠人捐赠的财产，除了要考虑怎样把钱花好，还要考虑怎样妥善管理资金。家族公益基金的支出包括与公益事业直接相关的事业支出、加强基本建设的支出、日常管理费用、筹资费用、人员的工资福利等。家族公益基金依靠捐赠收入或商业行为对基金进行保值、增值来满足支出的需要，维持组织的生存。目前，《基金会管理条例》对基金保值、增值没有作具体规定，只规定了"合法、安全、有效"的原则。基金会能否进行商业投资，要依据捐赠人的意愿和基金会自身的需要，如果捐赠人明确不允许将捐赠用于投资，那么基金会不能违背捐赠协议。

家族公益基金的收入来源有三种模式。第一，全部依靠捐赠。基金会所有的支出需要，都依靠现金捐赠、非现金捐赠和志愿劳动来满足。第二，部分自给。基金会获得的捐赠收入不足以完全满足支出需要，还要进行资本投资等商业活动，对基金会的支出进行补充。第三，全部自给。基金会只在成立之初或是某些特殊情况下接收到大额捐赠，这些捐赠全部并入基金会所管理的基金。基金会的支出，无论是事业支出还是维持组织日常运作的费用，全部依靠基金会对基金的投资运作所获得的收入。这三种模式中，第一种模式适合于规模很小的家族公益基金。在我国一些著名的侨乡活跃着很多这样的基金会，以对捐赠人的家乡进行帮助为目的，基金规模小、用途单一，按照捐赠人要求活动，所需费用全部由捐赠人提供。这种基金会不需要也没有能力或是不被允许进行商业投资。基金会对捐赠人的依赖性很强。第二种模式是我国较大规模的家族公益基金所乐于采用的。捐赠人首先捐出一笔资金，作为基金会管理的基金。为了长期生存，基金会不可能将这笔钱完全直接用于公益资助，因此，必须进行一定的投资活动。投资活动的获利可以部分满足基金会公益项目的需要，或是日常活动需要，不足部分还需要捐赠人继续予以补充。如果捐赠人提出新的公益项目，或是想扩大基金会的业务活动，也会向基金会输入新的资金。这种模式下，基金会与捐赠人的关系也是比较密切的。第三种模式是国外大型基金会经常采取的模式。这种模式下，基金会与捐赠人关系更为平等，基金会的自主性也很强。但必须在基金规模很大的前提下，基金会才有可能实现完全的自给自足。在我国的市场环境下，以几千万元的基金规模，每年要将基金的8%用于公益支出，还要保证组织运行的平稳、立足于长期发展，一个家族公益基金要实现完全的自给自足是比较困难的。

基金会的投资行为是非常容易引起公众关注的环节，是公众评价基金会是否公平、公开、公正，是否是真正的公益组织的依据之一。当基金会的投资行为与主要投资人发生关系时，公众也会据此评价基金会的主要捐赠人是否真的奉献于公益事业，而不是利用基金会沽名钓誉或是获取经济利益。《基金会管理条例》规定了基金保值、增值必须合法、安全、有效，如果因理事会决策不当，致使基金会遭受财产损失，参与决策的理事应当承担相应的赔偿责任。在不久的将来，如果国家对个人、企业的捐赠行为给予大幅度的税收减免，那么对捐赠后资金的用途也会更加关注。届时，家族公益基金的投资行为必须更加谨慎。

第五节　我国慈善事业与捐赠税收政策体系

一、我国慈善事业现状

近年来，我国慈善捐赠事业不断发展。相关数据显示，2009～2018 年，我国社会慈善捐赠总额由 332.78 亿元上升至 1624.15 亿元，社会对慈善捐赠的关注度和参与度越来越高。关于慈善捐赠，厉以宁（1994）曾提出第三次分配理论，认为市场经济中存在着道德力量推动下的第三次分配，是资源配置机制的重要组成部分。作为第三次分配的主要形式，慈善捐赠可以克服第一次分配的弊端，弥补第二次分配的不足，缓解部分群体的物质困境，缩小社会群体的贫富差距，同时满足捐赠群体的精神需求，促进社会和谐稳定。

民营企业家主观社会经济地位对其个人慈善捐赠行为以及慈善捐赠额度均具有显著的积极影响；民营企业家的主观社会经济地位越高，其越倾向于通过与政府或社会组织进行合作来进行慈善捐赠。以上结论在更换慈善捐赠行为和额度变量、区分不同间接慈善捐赠途径、更换数据样本、控制潜在遗漏变量和采用 PSM 方法及工具变量法等一系列检验后依然稳健（马凌远和李晓敏，2021）。

尽管近年来我国慈善捐赠事业不断发展，但与之相关的慈善捐赠税收政策较为分散，尚未形成完整的政策体系。梳理我国慈善捐赠相关税收政策法规发现，我国慈善捐赠税收政策体系目前存在较多问题亟待解决。进一步完善我国现行慈善捐赠税收政策体系，需要借鉴国际经验，从全局考虑，统筹规划各税种的税收优惠政策，使各税种的优惠政策和税收征管共同作用，充分保障捐赠者和受赠者权益，从而更好地促进我国慈善捐赠事业的发展（李贞等，2021）。

二、我国现行慈善捐赠税收政策体系概述

我国慈善捐赠税收优惠主要涉及所得税类、流转税类以及部分财产行为税类。目前，关于慈善捐赠的税收政策散见于各类税种的法律法规中，已有初步框架，但尚未形成完整体系。

三、我国现行慈善捐赠税收政策体系存在的问题

（一）政策立法层级较低

根据税收法定原则，关于慈善捐赠的税收政策应在法律层面进行规定，但目前相关政策在法律层面规定较少。《个人所得税法》明确规定了个人捐赠的税前扣除比例，却没有对捐赠对象、扣除凭证、扣除程序等一系列问题进行说明。虽然《财政部 税务总局关于公益慈善事业捐赠个人所得税政策的公告》填补了政策方面空缺，但其属于规范性文件，立法层级较低。此外，增值税、消费税以及关税等税种的税收优惠政策皆存在于行政法规、部门规章或规范性文件中，立法层级较低。

（二）直接捐赠激励效果不显著

按照我国慈善捐赠税收政策，除特殊情况外，直接捐赠一般无法享受税收优惠，这在一定程度上降低了捐赠者的积极性。此外，间接捐赠存在诸多限制，例如，拥有税前扣除资格的公益性社会组织名单更新时间相对较晚，捐赠者获取信息滞后。同时，对外公布的有资格的公益性社会组织名单信息简单，通常只有组织名称，社会上名称相似的组织很多，捐赠者容易混淆。另外，符合条件的公益性社会组织范围较窄、数量较少，限制了捐赠者的选择权。

（三）个人捐赠超限额部分无法年度结转扣除

目前，个人捐赠超过扣除限额部分无法进行年度结转扣除。《企业所得税法》允许企业慈善捐赠支出超额部分在三年内进行结转扣除，但《个人所得税法》却未对年度结转问题进行规定，个人和企业没有得到同等的结转优惠待遇，不利于调动个人的捐赠积极性。

（四）个人捐赠分类所得扣除方式不合理

根据相关规定，个人捐赠支出可以在各类所得包括分类所得、综合所得和经营所得中进行扣除。在综合所得或经营所得中扣除，可以选择在汇算清缴时扣除，也可以选择在捐赠发生的当月扣除，当月应纳税所得额不足以扣除的，可以结转到以后月份（同一个纳税年度内）扣除直至汇算清缴时扣除；在分类所得中扣除，则不可以选择到以后的月份扣除，当期扣除不完的部分，也不能结转至以后月份的分类所得扣除。但当期不一定是纳税人一年中分类所得应纳税所得额较高的月份，分类所得收入较高但收入不固定的捐赠人很可能无法全面享受相关

税收优惠。此外，已经在分类所得中扣除的捐赠支出，不能再调整到其他所得中进行扣除。纳税人无法预知一个纳税年度内发生的所有收支的金额和时间节点，综合所得和分类所得的可扣除时间不同，结转规定不同，纳税人难以选择合适的扣除类别和顺序。

（五）缺少财产行为税类税收优惠政策

我国慈善捐赠税收政策以所得税和流转税类为主，涉及财产行为类税种较少。例如，我国尚未开征遗产税和赠与税，缺少涉及遗产捐赠的税收优惠政策。在这种情况下，纳税人更倾向于将遗产留给继承人，而非进行慈善捐赠，这在一定程度上不利于社会慈善捐赠事业的发展。

（六）实物捐赠相关政策不完善

目前，我国慈善捐赠税收政策体系在实物捐赠方面仍存在不少问题。一方面，缺少关于国内自然人、法人或者其他组织等实物捐赠的增值税减免条款。例如，企业以自产产品进行实物捐赠时，通常被认定为"视同销售的行为"，需缴纳相应的增值税。另一方面，实物捐赠难以准确计量，主要是因为缺乏专用的价格评估标准和专门的价格评估机构。而公益性社会组织等为获得更多慈善捐赠资源，有动机高估捐赠物价值，以帮助捐赠者获得更高的捐赠扣除额度。

（七）受赠物持有环节缺少税收优惠

我国关于慈善捐赠的税收优惠主要针对捐赠行为发生时，较少考虑受赠者在受赠物持有环节的优惠。例如，我国公益性社会组织受赠汽车作为办公专用车辆，通常无法免征车船税。当前，我国存在较多民间公益性社会组织，盈利水平一般较低，部分甚至不盈利，而其运营成本相对较高，为缓解其运营负担，应适当减轻税负。税收优惠只考虑了捐赠行为发生时点的情况，没有兼顾捐赠后的使用和处置过程，不利于鼓励社会捐赠。

（八）税收减免流程复杂

根据《税收征管法》和《税收减免管理办法》等，捐赠者从捐赠到切实获得税收优惠需要经历多道征管程序，包括向受赠单位索取相关票据证明、在规定时间内向单位财务部门或主管税务机关提出申请并附送申请材料、等待当地主管税务机关审核通过等，过程较长，程序较为烦琐。而且对于个人捐赠者而言，如果没有扣缴义务人，还需要自行办理税前扣除手续。

四、完善我国现行慈善捐赠税收政策体系的建议

目前，我国慈善捐赠税收政策体系尚未成熟，存在问题较多。对此，相关部门应从全局考虑完善慈善捐赠税收政策体系。每个税种的税收优惠政策之间应当相互配合，兼顾事前、事中以及事后的整个捐赠过程。税收征管应严格甄别，不符合优惠条件或存在欺诈行为的，排除在外或予以处罚，同时对符合条件的捐赠者与受赠者提供便利，简化征管程序。各税种的优惠政策与税收征管共同作用，保障捐赠者与受赠者权益。具体政策建议如下。

（1）提高税收政策的立法层级。相关部门应落实税收法定原则，将与慈善捐赠相关的税收政策规定进行整合，并以法律的形式确定下来，提高法律效力，与《慈善法》对接，为慈善捐赠事业的长久发展提供法律保障。

（2）增加直接捐赠的税收优惠政策。建议相关部门适当增加直接捐赠的税收优惠政策，同时制定严格的征管措施，规范税前扣除程序。

（3）允许个人捐赠扣除超限额部分结转到以后年度扣除。将个人捐赠扣除超限额部分可结转到以后年度扣除有关规定纳入其中，再推进《个人所得税法》修订，使两者相互衔接。

（4）允许个人捐赠在年度汇算时统一扣除。

（5）开征遗产税并制定遗产捐赠税收优惠政策，为了防止富人财富积累导致社会贫富分化加剧，我国应加快遗产税开征进程，同时研究制定与遗产捐赠相关的税收优惠政策，鼓励更多人参与公益性捐赠，促进慈善捐赠事业发展。

参考文献

[1] 埃塞俄比亚民法典 [M]. 薛军, 译. 厦门: 厦门大学出版社, 2013.

[2] 比尔·邦纳, 威尔·邦纳. 家族财富 [M]. 穆瑞年等译. 北京: 机械工业出版社, 2013.

[3] 彼德罗·彭梵得. 罗马法教科书 [M]. 黄风, 译. 北京: 中国政法大学出版社, 2005: 7.

[4] 蔡贵龙, 柳建华, 马新啸. 非国有股东治理与国企高管薪酬激励 [J]. 管理世界, 2018, 034 (005): 137–149.

[5] 陈成文, 谭娟. 税收政策与慈善事业: 美国经验及其启示 [J]. 湖南师范大学社会科学学报, 2007 (6): 77–82.

[6] 陈赤. 中国信托创新研究——基于信托功能视角的分析 [D]. 成都: 西南财经大学, 2008.

[7] 陈德球, 魏刚, 肖泽忠. 法律制度效率、金融深化与家族控制权偏好 [J]. 经济研究, 2013 (10): 55–68.

[8] 陈向聪. 信托法律制度研究 [M]. 北京: 中国检察出版社, 2007: 47–48, 35, 141.

[9] 陈信元, 汪辉. 股东制衡与公司价值: 模型及经验证据 [J]. 数量经济技术经济研究, 2004, 21 (11): 102–110.

[10] 陈玉罡, 刘彪. 信息不对称、对赌支付与收购方收益 [J]. 财贸研究, 2018, 029 (006): 99–110.

[11] 川岛武宜. 所有权法的理论 [M]. 东京: 岩波书店, 1987.

[12] 道垣内弘人. 信托法入门 [M]. 姜雪莲, 译. 北京: 中国法制出版社, 2014: 12.

[13] 邓杰, 于辉. 对赌协议该签吗? 企业股权融资的运营分析 [J]. 管理科学学报, 23 (10): 22.

[14] 丁美东. 个人慈善捐赠的税收激励分析与政策思考 [J]. 当代财经,

2008（7）：29 – 33.

　　［15］杜春越，韩立岩．家庭资产配置的国际比较研究［J］．国际金融研究，2013（6）：44 – 55.

　　［16］杜颖洁，杜兴强．银企关系、政治联系与银行借款——基于中国民营上市公司的经验证据［J］．当代财经，2013（2）：108 – 118.

　　［17］范博宏，俞欣．美的模式：兼顾家族传承和企业长青［J］．新财富，2013（1）：106 – 110.

　　［18］范从来．论我国企业资产重组过程中的企业托管［J］．南京大学学报：哲学·人文科学，1997（1）：41 – 48.

　　［19］范志勇．论信托财产的所有权归属——信托财产共有权的构建［J］．西南交通大学学报（社会科学版），2011（1）：113 – 125.

　　［20］高皓，刘中兴，叶嘉伟．重权在握的三星集团秘书室：内置式家族办公室典范［J］．新财富，2014（2）：110 – 116.

　　［21］高皓．家族企业代际传承是金融机构的新蓝海［N］．第一财经日报，2013 – 12 – 16.

　　［22］高雷，宋顺林．公司治理与公司透明度［J］．金融研究，2007，（11a）：28 – 44.

　　［23］高凌云．被误读的信托——信托法原论［M］．上海：复旦大学出版社，2010.

　　［24］高伟凯，王荣．国有资产委托经营与监管研究［J］．上海金融，2005（8）：15 – 18.

　　［25］关静怡，刘娥平．业绩承诺增长率、并购溢价与股价崩盘风险［J］．证券市场导报，2019，000（002）：35 – 44.

　　［26］哈罗德·詹姆斯著．家族企业［M］．暴永宁译．上海：三联书店，2008.

　　［27］韩良，家族信托：法理与案例精析［M］．北京：中国法制出版社，2015.

　　［28］郝阳，龚六堂．国有、民营混合参股与公司绩效改进［J］．经济研究，2017（3）：124 – 137.

　　［29］何宝玉．信托法原理与判例［M］．北京：中国法制出版社，2013：4.

[30] 贺小刚，李新春，连燕玲，等．家族内部的权力偏离及其对治理效率的影响——对家族上市公司的研究 [J]．中国工业经济，2010 (10)：96 - 106.

[31] 胡立心，石贵成．论托管经济 [J]．青岛建筑工程学院学报，1996 (3)：62 - 66.

[32] 胡珀．公司制度与信托制度之比较研究 [J]．中央政法管理干部学院学报，1998 (5)：9.

[33] 胡玉莹，何历奇．适合中国"家族办公室"的全球税务管理 [J]．经济导刊，2014 (1)：91 - 92.

[34] 胡玉莹．中国与西方家族办公室的异同 [J]．经济导刊，2013 (12).

[35] 胡援成，肖永明．契约与兑现：上市公司并购重组业绩对赌靠谱吗？[J]．江西社会科学，2017 (11)：64 - 74.

[36] 胡中彬．中国家族基金兴起 [J]．宁波经济：财经观点，2014 (3)：43 - 44.

[37] 黄凤羽，刘维彬．个人非货币性资产捐赠的税收政策：美国借鉴与中国实践 [J]．税务研究，2017 (10)：36 - 43.

[38] 黄正全．领略外国的私人银行 [J]．金融经济，2006 (3)：48 - 49.

[39] 惠男男，许永斌．代际传承与控制家族股权稀释：社会情感财富理论视角 [J]．现代财经：天津财经大学学报，2014 (11).

[40] 贾生华，窦军生，王晓婷．家族企业代际传承研究——基于过程关的视角 [M]．北京：科学出版社，2010.

[41] 江平．信托制度在中国的应用前景 [J]．法学，2005 (1).

[42] 江希和．有关慈善捐赠税收优惠政策的国际比较 [J]．财会月刊，2007 (21)：73 - 75.

[43] 康志榕．兴业银行财富管理业务研究 [D]．湖南大学，2009.

[44] 赖源河，王志诚．现代信托法论 [M]．北京：中国政法大学出版社，2002.

[45] 兰德尔·卡洛克，约翰·沃德著．家族企业最佳实践——家族和谐与企业成功的双层规划流程 [M]．谢芳、高皓译．北京：东方出版社，2012. 6.

[46] 雷丁．海外华人企业家的管理思想：文化背景与风格 [M]．上海：上海三联书店出版社，1993.

[47] 李乐，谭军. 瑞士的私人银行业 [J]. 现代商业银行，2001 (7)：44 – 45.

[48] 李琳，刘凤委，卢文彬. 基于公司业绩波动性的股权制衡治理效应研究 [J]. 管理世界，2009 (5)：145 – 151.

[49] 李群星. 论信托财产 [J]. 法学评论，2000 (1)：77 – 80.

[50] 李善民，陈涛. 并购支付方式选择的影响因素研究 [C]//第四届 (2009) 中国管理学年会——金融分会场论文集. 2009.

[51] 李书彦，谭晶荣. 中国对欧盟直接投资 (OFDI) 的时空特征及影响因素 [J]. 经济地理，2020，40 (6)：60 – 68.

[52] 李书彦. 长三角一体化赋能一带一路境外园区建设 [N]. 中国社会科学报，2020 – 11 – 27 (006).

[53] 李巍. 家族办公室：一种新的金融产品——访 JMCRPartners 多家族办公室创始人毛隽博士 [J]. 中国经济报告，2014 (2)：57 – 59.

[54] 李维安，童道驰，谢永珍，等. 中国上市公司治理指数与治理绩效的实证分析 [J]. 管理世界，2004 (2)：63 – 74.

[55] 李新春，褚小平，何轩. 香港华人家族企业：本土化与国际化 [M]. 北京：社会文献出版社，2012.

[56] 李新春，何轩，陈文婷. 战略创业与家族企业创业精神的传承——基于百年老字号李锦记的案例研究 [J]. 管理世界，2008 (10)：127 – 140.

[57] 李新春，檀宏斌. 家族企业内部两权分离：路径与治理——基于百年家族企业香港利丰的案例研究 [J]. 中山大学学报：社会科学版，2010，50 (4)：178 – 188.

[58] 李兴智，王延明. 私人银行的盈利模式研究：手续费型与管理费型 [J]. 国际金融研究，2010 (4)：60 – 65.

[59] 李雅君，李志冰，董俊华，等. 风险态度对中国家庭投资分散化的影响研究 [J]. 财贸经济，2015 (7)：150 – 160.

[60] 李彦君. 德国实行企业托管经营的实践经验及其他 [J]. 中国第三产业，1996 (11).

[61] 李勇. 信托财产所有权性质之再思考 [J]. 时代法学，2005 (5)：55 – 56.

[62] 李贞，莫松奇，郭钰瑛. 我国慈善捐赠税收政策体系的完善研究

[J]．税务研究，2021（2）：127－132．

[63] 厉以宁．股份制与现代市场经济［M］．南京：江苏人民出版社，1994：77．

[64] 连建辉，孙焕民．走进私人银行［M］．北京：社会科学文献出版社，2007．

[65] 梁强，刘嘉琦，周莉，等．家族二代涉入如何提升企业价值——基于中国上市家族企业的经验研究［J］．南方经济，2013（12）：51－62．

[66] 梁显宏．理财行业新秀——独立第三方理财［J］．现代商业，2009（32）：19－20．

[67] 廖文剑．资本的力量［M］．北京：中国发展出版社，2012．

[68] 林采宜．国际财富管理业务模式［N］．21世纪经济报道，2012－8－20．

[69] 刘世峰．资产托管经营的制度经济学分析［D］．吉林大学，2007．

[70] 刘维泉．欧美商业银行财富管理典型模式研究及其启示［J］．海南金融，2013（9）：62－67．

[71] 刘学方，王重鸣，唐宁玉，等．家族企业接班人胜任力建模——一个实证研究［J］．管理世界，2006（5）：96－106．

[72] 刘亚平．上市公司托管事项的审计要点及急需解决的问题［J］．中国审计，2000（12）：49．

[73] 刘运国，郑巧，蔡贵龙．非国有股东提高了国有企业的内部控制质量吗？——来自国有上市公司的经验证据［J］．会计研究，2016（11）．

[74] 刘仲平．论信托与我国民法典之关系及其模式选择［J］．中南民族大学学报（人文社会科学版），2016，36（004）：85－89．

[75] 刘子静．中美高校捐赠基金会资产配置管理模式比较研究［D］．苏州大学，2013．

[76] 陆瑶，何平，吴边．非控股国有股权，投资效率与公司业绩［J］．清华大学学报（自然科学版），2011，051（004）：513－520．

[77] 吕富强．论法国式信托——一种对本土资源加以改造的途径［J］．比较法研究，2010（2）：69－72．

[78] 罗宏，秦际栋．国有股权参股对家族企业创新投入的影响［J］．中国工业经济，2019（7）：174－192．

[79] 洛克. 政府论 [M]. 北京：北京大学出版社，2014.

[80] 马凌远，李晓敏. 民营企业家社会经济地位主观认知与个人慈善捐赠 [J]. 统计研究，2021，38（1）：105 - 118.

[81] 马卫寰. 信托公司集约发展模式研究 [J]. 上海金融，2011（7）：105 - 109.

[82] 马云红. 信托及信托制度的起源 [J]. 消费导刊，2007（12）：140.

[83] 梅金兰. 论中国对私有财产权保护之完善——以西方财产权理论为视角 [J]. 法制与社会，2013（2）：99 - 100.

[84] 孟扬. 高端财富管理市场广阔 "家族办公室" 悄然兴起 [N]. 金融时报，2013 - 9 - 16.

[85] 米勒（加）. 永续经营——杰出家族企业的生存法则 [M]. 北京：商务印书馆，2006.

[86] 潘晓娟. 最赚钱耶鲁基金解密：超三成资产配置 PE [N]. 中国经济导报，2014 - 6 - 26.

[87] 皮尔斯. 现代经济学词典 [M]. 上海：上海译文出版社，1988.

[88] 蒲坚. 中介理论视角下的信托制度 [J]. 中共中央党校学报，2013（12）.

[89] 乔基姆·施瓦茨著，高皓、马小然译. 代代卓越：全球接触家族企业的成长智慧 [M]. 北京：东方出版社，2012.

[90] 乔晋声，徐小育. 美国商业银行开展理财业务的经验及对国内银行的启示 [J]. 金融论坛，2006，11（10）：53 - 60.

[91] 秦伟. 打破 "富不过三代" 魔咒解密亚太区家族办公室 [N]. 21 世纪经济报道，2012 - 2 - 24.

[92] 曲顺兰，崔红霞. 慈善捐赠税收政策文献述评及研究展望 [J]. 经济与管理评论，2013，29（6）：91 - 97.

[93] 曲顺兰，王丛，崔红霞. 国外慈善捐赠税收激励政策取向及我国优惠政策的完善 [J]. 经济与管理评论，2016，32（5）：100 - 111.

[94] 曲顺兰. 税收激励慈善捐赠：理论依据、作用机理与政策体系构建 [J]. 财政经济评论，2017（1）：91 - 113.

[95] 冉昊. 论两大法系财产法结构的共通性——英美法系双重所有权与大陆

法系物权债权二元划分的功能类比 [J]．环球法律评论，2006，28（1）：32－41．

[96] 尚震宇．基于 DEA 的 CCR 模型对中国银行业财富管理的竞争力分析 [J]．华东经济管理，2012，26（5）：60－63．

[97] 沈明梅，陈颜，伍仲琴．企业托管的市场配置模式浅探 [J]．商业研究，2003（16）：105－107．

[98] 沈莹．德国对前东德国有企业托管的实践 [J]．国际经济评论，1997（Z5）：54－56．

[99] 石峰．中国家族企业内部纠纷的起因与规范——以家族企业内部的产权关系为视角 [J]．行政与法，2014（9）：79－84．

[100] 石清华．中国外汇储备金融资产配置研究 [J]．西南金融，2013（1）：8－11．

[101] 史正保．我国捐赠税收制度研究 [J]．兰州大学学报（社会科学版），2009，37（3）：82－90．

[102] 斯图尔特·E·卢卡斯著．财富：让你的财富保值、增值并世代传承 [M]．徐国兴译．北京：中国人民大学出版社，2009．

[103] 宋希亮，张秋生，初宜红．我国上市公司换股并购绩效的实证研究 [J]．中国工业经济，2008（7）：113－122．

[104] 宋增基，冯莉茗，谭兴民．国有股权，民营企业家参政与企业融资便利性——来自中国民营控股上市公司的经验证据 [J]．金融研究，2014，000（012）：133－147．

[105] 唐清泉，罗党论，王莉．大股东的隧道挖掘与制衡力量——来自中国市场的经验证据 [J]．中国会计评论，2005（1）：63－86．

[106] 田丽．非营利组织资金运营管理研究 [D]．东北财经大学，2012．

[107] 万瑶华．企业托管、购并的相关性分析 [J]．商丘师范学院学报，2000，16（5）：83－84．

[108] 王国敏，郑晔．家族制度与中国民营企业的改革——东西方家族制度比较研究 [J]．经济体制改革，2002（6）：45－48．

[109] 王锴．新中国宪法保障财产权的历史变迁（1949—2004）[J]．《法治论坛》，2006 年第 1 期．

[110] 王礼平．世界各发达国家信托制度比较研究 [J]．财经问题研究，

2004（1）：27 – 32.

［111］王利明．一物一权原则探讨［J］.法律科学，2009 年第 1 期．

［112］王硕，杜兰英，余宜珂．税收对企业自利性动机下慈善捐赠的影响分析［J］.税务研究，2019（7）：96 – 100.

［113］王迎军．企业重组战略与托管经营［J］.南开管理评论，1999（2）：18 – 20.

［114］王元龙，王艳．发展中国私人银行业务的若干思考［J］.河南金融管理干部学院学报，2007，25（4）：38 – 42.

［115］魏志华，林亚清，吴育辉，等．家族企业研究：一个文献计量分析［J］.经济学：季刊，2014，13（1）：27 – 56.

［116］吴俊彦．探讨我国公司慈善捐赠的税收优惠政策［J］.财会研究，2010（2）：26 – 28.

［117］吴卫星，吕学梁．中国城镇家庭资产配置及国际比较——基于微观数据的分析［J］.国际金融研究，2013（10）：45 – 57.

［118］吴育辉，吴世农．股权集中、大股东掏空与管理层自利行为［J］.管理科学学报，2011，14（8）：34 – 44.

［119］谢玲丽，孙琳玲．家族信托：放弃所有权的控制权安排［J］.中国律师，2014（3）．

［120］谢玲丽，张钧．中国家族办公室——家族（企业）保护、管理与传承［M］.广东：广东人民出版社，2013. 11.

［121］谢小玲．对企业资产托管经营的思考［J］.交通财会，2002（7）：46 – 47.

［122］徐国栋．绿色民法典草案［M］.北京：社会科学文献出版社，2004（5）．

［123］许琳．耶鲁大学捐赠基金资产配置策略研究［D］.华东政法大学，2012.

［124］许宁，高涓．三次样条法估计利率期限结构的加权方式比较研究［J］.商业研究，2014（11）：72 – 77，178.

［125］许宁，任培政．家族资产管理模式研究务［M］.北京：经济科学出版社，2016：5.

[126] 许宁，谢平．基于双重身份拍卖的报价行为研究［J］．技术经济与管理研究，2019（11）：72－77.

[127] 许宁．股权质押、质权人监督与公司并购风险［J］．现代经济信息，2021（5）：112－114，135.

[128] 杨经建．家族文化在当代社会的文明指向［N］．中国文化报，2010.

[129] 杨延能．投资银行高端私人财富管理在中国的发展研究［D］．复旦大学，2009.

[130] 杨智，邱玮玲．论我国企业托管经营的代理成本［J］．商业研究，2000（5）：48－50.

[131] 叶央．瑞银集团成功财富管理模式借鉴［J］．金融管理与研究：杭州金融研修学院学报，2008（9）：44－46.

[132] 于斌斌．家族企业接班人的胜任—绩效建模——基于越商代际传承的实证分析［J］．南开管理评论，2012，15（3）：61－71.

[133] 余敏长．区分地上权制度之研究——兼论一物一权主义之原义与再生［D］．台湾政治大学硕士论文，1998.

[134] 余明桂，潘红波．政治关系、制度环境与民营企业银行贷款［J］．管理世界，2008（8）：9－21.

[135] 俞炯玲：《以财富管理为着力点服务浙江经济转型升级》，《浙江金融》，2011（5）：4－8.

[136] 翟立宏．对中国信托业市场定位的理论反思［J］．经济问题，2007，330（2）：96－98.

[137] 翟丽辉．过期托管的制度浅析［J］．工业技术经济，2004（5）.

[138] 詹姆斯·E·休斯著，钱峰、高皓译．家族财富传承：富过三代［M］．北京：东方出版社，2013.

[139] 张雷．产业链纵向关系治理模式研究［D］．复旦大学，2007.

[140] 张仁坤．企业托管经营的理论与实践［J］．冶金管理，2001（11）.

[141] 张天华，张少华．偏向性政策，资源配置与国有企业效率［J］．经济研究，2016（2）：126－139.

[142] 张维迎．企业家与职业经理人：如何建立信任［J］．北京大学学报：哲学社会科学版，2003（5）：29－39.

[143] 张卫民，汪洋．私人银行业务问题研究：国际经验及我国的路径选择 [J]．金融会计，2010（7）：53-60.

[144] 张昕．家族办公室的未来 [J]．中国房地产金融，2014（8）.

[145] 张旭东，刘秀玲．我国国有资产信托经营制度探析 [J]．北方经济，2003（7）：35-35.

[146] 张玉明．中德企业托管经营的比较研究 [J]．求实，1998（4）：31-33.

[147] 张越．基于经济周期的社保基金资产配置模型研究 [D]．吉林大学，2010.

[148] 张哲．国外资产托管业务的发展情况介绍及对我国资产托管业务发展对策 [J]．中外企业文化旬刊，2014（2）.

[149] 郑忱阳，刘超，江萍，等．自愿还是强制对赌？——基于证监会第109号令的准自然实验 [J]．国际金融研究，2019（5）：87-96.

[150] 郑宏泰，周文港．华人家族企业传承的研究 [M]．北京：东方出版社，2013.

[151] 郑志刚，殷慧峰，胡波．我国非上市公司治理机制有效性的检验——来自我国制造业大中型企业的证据 [J]．金融研究，2013，000（002）：142-155.

[152] 郑志刚，孙娟娟，Oliver．任人唯亲的董事会文化和经理人超额薪酬问题 [J]．经济研究，2012（12）：111-124.

[153] 郑志刚，邹宇，崔丽．合伙人制度与创业团队控制权安排模式选择——基于阿里巴巴的案例研究 [J]．中国工业经济，2016（10）：126-143.

[154] 中国工商银行上海市分行机构金融部课题组．资产托管：纽约银行经验及其启示 [J]．金融管理与研究：杭州金融研修学院学报，2005（4）：37-41.

[155] 钟卫东．资产配置政策对基金收益的决定——对中国封闭式基金的实证研究 [J]．财经问题研究，2006（2）：67-71.

[156] 周波，张凯丽．促进慈善捐赠的企业所得税政策探析 [J]．税务研究，2020（5）：49-55.

[157] 周红．关于家族定义及家族、家族主义形成的探讨 [J]．Guide Of ence & Education，2010（2）.

[158] 周小明．信托制度：法理与实务 [M]．北京：中国法制出版社，

2012：2.

[159] 朱绍中. 德国托管局的转制工作模式 [J]. 外国经济与管理，1998
(6)：28 - 31.

[160] 朱为群. 捐赠行为的税收政策效应分析 [J]. 财政研究，2002 (11)：
62 - 65.

[161] 朱迎春. 我国企业慈善捐赠税收政策激励效应：基于 2007 年度我国
A 股上市公司数据的实证研究 [J]. 当代财经，2010 (1)：36 - 42.

[162] 邹菁. 私募股权基金的募集与运作 [M]. 北京：法律出版社，2012.

[163] 邹靓. "家族工作室" 落地中国商业模式尚待确定 [N]. 上海证券
报，2013 - 7.

[164] A L B, B S S. Determinants of earnout as acquisition payment currency
and bidder's value gains-Science Direct [J]. Journal of Banking & Finance, 2012, 36
(3)：678 - 694.

[165] Barbopoulos L G, Sudarsanam P. Determinants of Earnout as Acquisition
Payment Currency and Bidder's Value Gains [J]. Social Science Electronic Publishing.

[166] Barbopoulos L G, Danbolt J, Alexakis D. The role of earnout financing
on the valuation effects of global diversification [J]. Journal of International Business
Studies, 2018, 49 (5)：523 - 551.

[167] Barbopoulos L G, Paudyal K, Sudarsanam S. Earnout deals：Method of
initial payment and acquirers' gains [J]. European Financial Management, 2018, 24
(5)：792 - 828.

[168] Bazerman M H, Gillespie J J. Betting on the future：The virtues of contin-
gent contracts [J]. Harvard Business Review, 1999, 77 (5)：155 - 160.

[169] Berger, Paul D., et al. "Marketing Actions and the Value of Customer
Assets a Framework for Customer Asset Management." Journal of Service Research 5. 1
(2002)：39 - 54.

[170] Bertrand, Marianne, and Antoinette Schoar. "The role of family in family
firms." The Journal of Economic Perspectives 20. 2 (2006)：73 - 96.

[171] Bielecki, Tomasz R., and Stanley R. Pliska. "Risk-sensitive dynamic
asset management." Applied Mathematics and Optimization 39. 3 (1999)：337 - 360.

［172］ Bradshaw, Jonathan. The Family Fund (Routledge Revivals): An Initiative in Social Policy. Routledge, 2015.

［173］ Brunel, Jean LP. "Book Review: The Complete Family Office Handbook: A Guide for Affluent Families and the Advisors Who Serve Them. " The Journal of Wealth Management 17. 2 (2014): 86 – 87.

［174］ Cain M D, Denis D J, Denis D K. Earnouts: A study of financial contracting in acquisition agreements ［J］. Journal of Accounting and Economics, 2011, 51 (1/2): 151 – 170.

［175］ Caselli S, Gatti S, Visconti M. Managing M&A risk with collars, earn-outs, and CVRs ［J］. Journal of Applied Corporate Finance, 2006, 18 (4): 91 – 104.

［176］ Champion, Robert R. , and Basil R. Twist Jr. "Goal-directed financial asset management system. " U. S. Patent No. 5, 126, 936. 30 Jun. 1992.

［177］ Cohen, Kalman J. , and Frederick S. Hammer. "Linear programming and optimal bank asset management decisions. " The Journal of Finance 22. 2 (1967): 147 – 165.

［178］ Davis, Mark, and Sébastien Lleo. "Risk-sensitive benchmarked asset management. " Quantitative Finance 8. 4 (2008): 415 – 426.

［179］ De Massis, Alfredo, and Josip Kotlar. "The case study method in family business research: Guidelines for qualitative scholarship. " Journal of Family Business Strategy 5. 1 (2014): 15 – 29.

［180］ Demuth, Patricia Brennan. Who is Bill Gates? . Penguin, 2013.

［181］ Eckbo B E, Giammarino R, Heinkel R L. Asymmetric Information and the Medium of Exchange in Takeovers: Theory and Tests ［J］. Social Science Electronic Publishing.

［182］ Ellingsæter, Anne Lise, and Eirin Pedersen. "Institutional trust: Family policy and fertility in Norway. " Social Politics: International Studies in Gender, State & Society (2015): jxv003.

［183］ English, David, and Yuan Zhu. "Comparing the Chinese Trust Law with the US Uniform Trust Code. " Trusts & Trustees (2013): ttt222.

［184］ Frey, Urs. "The Family Office Dynamic: Pathway to successful family and wealth management." (2013).

［185］ Gordon R H, Wei L. Government as a discriminating monopolist in the financial market: the case of China ［J］. Journal of Public Economics, 2003, 87 (2): 283 – 312.

［186］ Hansen R G. A Theory for the Choice of Exchange Medium in Mergers and Acquisitions ［J］. Journal of Business, 1987, 60 (1): 75 – 95.

［187］ Harrington, Brooke. "Trust and Estate Planning: The Emergence of a Profession and Its Contribution to Socioeconomic Inequality1." Sociological Forum. Vol. 27. No. 4. Blackwell Publishing Ltd, 2012.

［188］ Horan, Stephen, et al. "Technology and the Family Office." The Journal of Wealth Management 16. 2 (2013): 99.

［189］ Hui, Tiao-yan, and Fei-lan Lu. "An Empirical Study on the Influence of Independent Directors on Fund Performance in China Fund Management Company." The 19th International Conference on Industrial Engineering and Engineering Management. Springer Berlin Heidelberg, 2013.

［190］ Höök, Matilda, and Lars Stehn. "Exploring the management of multiple business models in one company." Proceedings of the 30th Annual ARCOM Conference, Portsmouth, UK. 2014.

［191］ Kaye, Kenneth, and Sara Hamilton. "Roles of trust in consulting to financial families." Family Business Review 17. 2 (2004): 151 – 163.

［192］ Khanna T, Palepu K, University H. The Future of Business Groups in Emerging Markets: Long-Run Evidence From Chile ［J］. The Academy of Management Journal, 2000, 43 (3): 268 – 285.

［193］ Kohers, Ninon, Ang, et al. Earnouts in Mergers: Agreeing to Disagree and Agreeing to Stay. ［J］. Journal of Business, 2000.

［194］ Langbein, John H. The secret life of the trust: The trust as an instrument of commerce. The Yale law journal 107. 1 (1997): 165 – 189.

［195］ Langbein, John H. The Twentieth-Century Revolution in Family Wealth Transmission. Michigan Law Review 86. 4 (1988): 722 – 751.

[196] Langbein, John H. The Uniform Prudent Investor Act and the Future of Trust Investing. Iowa L. Rev 81 (1995): 641.

[197] Luo Y, Zhao H, Wang Y, et al. Venturing Abroad by Emerging Market Enterprises [J]. Management International Review, 2011, 51 (4): 433.

[198] Lyon, Fergus, Guido Mšllering, and Mark NK Saunders, eds. Handbook of research methods on trust. Edward Elgar Publishing, 2015.

[199] Margaret Halliwell. Equity and Trusts (Third Edition) [M]. London: Old Bailey Press, 2001.

[200] Misztal, Barbara. Trust in modern societies: The search for the bases of social order. John Wiley & Sons, 2013.

[201] Myers S C, Majluf, Nicolás S. , Corporate financing and investment decisions when firms have information that investors do not have [J]. Social Science Electronic Publishing, 2001, 13 (2): 187 –221.

[202] Pan, Chun-yen. "The Key Successful Factors in Taiwan Family Business Succession: A Case Study of E Material Company. " (2014).

[203] Paris, Thomas, and Frédéric Leroy. "Managing transition in an artistic company with entrepreneurial management: A case study of Groupe Bernard Loiseau. " HEC Paris Research Paper No. SPE-2014-1044 (2013).

[204] Poza, Ernesto. Family business. Cengage Learning, 2013.

[205] Ragozzino R, Reuer J J. Contingent earnouts in acquisitions of privately-held targets [J]. Journal of Management, 2009, 35 (4) : 857 –879.

[206] Rogers, Peter D. , and Neil S. Grigg. Failure assessment model to prioritize pipe replacement in water utility asset management. Vol. 67. No. 12. 2006.

[207] Rosenbaum, Sara J. , et al. "Implications of the 2014 Quality Family Planning Services Guidelines Issued by the CDC and the Office of Population Affairs. " (2014).

[208] Rosplock, Kirby, and Barbara R. Hauser. "The Family Office Landscape: Today's Trends and Five Predictions for the Family Office of Tomorrow. " The Journal of Wealth Management 17. 3 (2014): 9 –19.

[209] Rosplock, Kirby, and Dianne HB Welsh. "Sustaining family wealth: The

impact of the family office on the family enterprise. " Understanding Family Businesses. Springer New York, 2012. 289 – 312.

[210] Rosplock, Kirby. "Advising Families: Developing a Family Office Baseline. " The Complete Family Office Handbook (2014): 119 – 140.

[211] Rosplock, Kirby. "Globalization of the Family Office: International Families and Family Offices. " The Complete Family Office Handbook (2014): 357 – 386.

[212] Savor P G, Lu Q I. Do Stock Mergers Create Value for Acquirers? [J]. The Journal of Finance, 2009, 64 (3).

[213] Schneider, Joachim, et al. "Asset management techniques. " International Journal of Electrical Power & Energy Systems 28. 9 (2006): 643 – 654.

[214] Schuman, Charles A. , and Alan C. Brent. "Asset life cycle management: towards improving physical asset performance in the process industry. " International Journal of Operations & Production Management 25. 6 (2005): 566 – 579.

[215] Sharpe, William F. "Asset allocation: Management style and performance measurement. " The Journal of Portfolio Management 18. 2 (1992): 7 – 19.

[216] Shleifer A, Vishny R W. Stock Market Driven Acquisitions [J]. Journal of Financial Economics, 2001, 70 (3): 295 – 311.

[217] Sirmon, David G. , and Michael A. Hitt. "Managing resources: Linking unique resources, management, and wealth creation in family firms. " Entrepreneurship theory and practice 27. 4 (2003): 339 – 358.

[218] Travlos N G. Corporate Takeover Bids, Methods of Payment, and Bidding Firms' Stock Returns [J]. Journal of Finance, 1987, 42 (4): 943 – 963.

[219] Viarengo L, Gatti S, Prencipe A. Enforcement quality and the use of earnouts in M&A transactions: International evidence [J]. Journal of Business Finance & Accounting, 2018, 45 (3/4) : 437 – 481.

[220] Welch, Scott, and Jamie McIntyre. "A Multi-Family Office (MFO) 'Investment Manifesto' . " The Journal of Wealth Management 17. 4 (2015): 9 – 20.

[221] Wilson, Richard C. The Family Office Book: investing capital for the ultra-affluent. John Wiley & Sons, 2012.

[222] Xiao-yun, C. H. E. N. "An Economic Sociology Explanation on Service

Demand of Chinese Private Banks——Based on the View of Trust Mechanism. " Journal of Zhejiang Gongshang University 5 (2014): 016.

[223] Zellweger, Thomas M. , et al. "Family control and family firm valuation by family CEOs: The importance of intentions for transgenerational control. " Organization Science 23. 3 (2012): 851 – 868.

[224] Zorloni, Alessia, and Randall Willette. "Managing Art Wealth: Creating a Single Family Office that Preserves and Protects the Family Art Collection. " The Journal of Wealth Management 16. 4 (2014): 9.

[225] Zureigat, Bilal Nayef, Faudziah Hanim Fadzil, and Syed Soffian Syed Ismail. "The Role of Foreign, Family Ownership and Audit Committee in Evaluating the Company as a Going Concern: Evidence from Jordan. " International Journal of Accounting and Financial Reporting 4. 2 (2014): 329.